Angelika Koch

Glücksorte in der Eifel

Fahr hin & werd glücklich

Dieses

Glücksbuch

ist für

Liebe Glücksuchende,

in dem Dorf, in dem ich wohne, gibt es keinen Tante-Emma-Laden, keinen Bäcker, keine Kneipe, keinen EC-Automaten, keinen Arzt. Nicht einmal Bürgersteige, die abends hochgeklappt werden könnten. Ob der verschrammte gelbe Briefkasten noch geleert wird, weiß ich nicht. Sicher ist nur, dass der verblasste rote Kaugummiautomat aus den 1950er-Jahren noch immer befüllt wird … Sagen jedenfalls die Kids, und die müssen es schließlich wissen.
In so einem Ort möchte man nicht „tot überm Zaun hängen", könnte man meinen. Es müsste der Prototyp eines aussterbenden Dorfes sein. Doch das Gegenteil ist der Fall: Gefell, so der Name der winzigen Gemeinde zwischen den Maaren und dem Nürburgring, ist quicklebendig. Von den 112 Bewohnern ist ein Viertel unter 18 Jahren alt, und die Teenies sagen, sie wollen ihr Leben lang hier bleiben. Es gibt keinen einzigen Leerstand, aber eine Warteliste von Interessenten, falls mal etwas frei wird.
Warum? „Das hier ist die Quintessenz der Eifel", sagt ein Paar aus Düsseldorf, „und die ganze Eifel ist ein einziger Glücksort." Was die Eifel zum Glücksort macht? Hier gibt es Wälder, Felder, Wiesen, Schluchten und Wildbäche satt. Doch inmitten all des Grüns wuchert menschliche Fantasie: Ateliers von bildenden Künstlern, urige Event-Locations für Avantgarde oder Kabarett, Musikstudios und, klar, auch Mundarttheater oder Blasmusik – für jeden Geschmack etwas. In der Eifel kann man auf tausenderlei Weise glücklich sein, rasant auf der Nordschleife oder dem Mountainbiketrail, animalisch beim Wandern mit Esel oder beim Anblick eines Wolfsrudels, meditativ im Kloster oder lukullisch im Sternerestaurant. Wer die Eifel erkunden will, tut es übrigens am besten in mobiler Eigenregie, da der ÖPNV überwiegend in den Kinderschuhen steckt. Doch das steht dem Glück nicht im Wege.

Ihre Angelika Koch

GLÜCK

Deine Glücksorte ...

... noch mehr Glück für dich

"Glück"

Wenn es im Städtchen duftet

1

In der Dauner Kaffeerösterei

Manchmal durchzieht die Straßen von Daun so ein Geruch: etwas bitter, etwas rauchig, etwas erdig. Dann ist Hansdieter Richarz-Hilberg am Werk. Er röstet Kaffee, handwerklich und mit ganz viel Geduld. Das Endprodukt duftet noch um etliche Dimensionen besser als das Verfahren. Gemeinsam mit Ehefrau Heike, einer Marketingfachfrau, entfloh der ehemalige Lebensmitteltechnologe und EDV-Spezialist der Frankfurter Großstadt, um im Eifeler Wochenendhäuschen seines Großvaters ein anderes Leben zu führen. Ihre Passion für Kaffee machten sie zum Beruf. Doch nicht allein das: Zum guten Kaffee gehören nach ihrem Verständnis auch faire und ökologische Anbaumethoden. So gibt es in ihrer Dauner Kaffeerösterei vor allem Sorten von kleinen Familienfarmen aus Mexiko, Brasilien, Ecuador, Thailand, Indien oder Java, die das genussverliebte Paar selbst vor Ort aussucht und für deren Qualität es einsteht. Die Hilbergs wollen ihr Glück nicht auf dem Rücken anderer Menschen machen.

TIPP

Musiker Thomas D hat für die Dauner Kaffeerösterei seinen eigenen Espresso kreiert.

Am Wirichplatz mitten in Daun wird geröstet und frisch gemahlen, aber auch getrunken, gegessen und ganz entspannt geklönt. Ein Massenbetrieb kann es keinesfalls werden. Sowohl auf der Veranda mit Blick auf den Platz wie im Inneren, das mit Barhockern und schlichten Tischen nichts Plüschiges hat, ist nicht arg viel Platz. Klar ist: Der Kaffee in all seinen Variationen steht im Mittelpunkt, kein Schickimicki. Auch die Selbstbedienung trägt zum eher studentischen Flair bei. Es gibt erlesene Schokoladen, Liköre, Öle und mehr, dazu manchmal auch noch das eine oder andere Buch von Verlagen aus der Eifel, vom Kinderbuch bis zum Krimi. Man stöbert sehr gern herum, was die Kaffeerösterei außer Kaffee sonst noch zu bieten hat. Und wie gesagt, es duftet ungemein gut. Wer einen Platz ergattert hat, gibt ihn ungern wieder her, sondern holt sich lieber noch eine zweite Kaffeespezialität.

● Dauner Kaffeerösterei, Wirichstraße 16 a, 54550 Daun, Tel. (0 65 92) 98 29 29
www.dauner-kaffeeroesterei.de

Neues Leben in alten Mauern

2

Kloster Steinfeld bei Kall

Beinahe stand vor wenigen Jahren das Salvatorianerkloster Steinfeld in der Nähe von Kall vor dem Aus: zu wenig Mönche, zu wenig Aktion, zu wenig Geld. Schließlich hängt auch das Glück eines geistlichen Ortes von handfesten Faktoren ab. Doch es fanden sich clevere und ideenreiche Förderer, sodass die riesige Anlage heute wieder zum kulturellen Zentrum der nördlichen Eifel wurde, das sie immer schon sein sollte. In der Abteikirche mit ihren floralen Deckengemälden, der reich verzierten Kanzel und dem barocken Altar finden Konzerte statt, vom erdigen Folk bis zur hochkarätigen Klassik auf der historischen König-Orgel. Es ist die größte dreimanualige Barockorgel des ganzen Rheinlandes, deren klangliche Erhabenheit einen – salopp gesagt – fast umhaut.

Drum herum herrscht mittlerweile ebenfalls wieder reges geistiges Leben: Seminare und Workshops zu allen Lebenslagen, in denen Spirituelles guttut, Tagungen, aber auch gymnasiale Bildung in Form des Hermann-Josef-Kollegs. Im Kloster Steinfeld treffen sich die Generationen.

TIPP

Im Klosterladen unbedingt das berühmte Steinfelder Klosterbier für zu Hause sichern.

Bei all dem Trubel hat es auch seine reizvoll zurückgezogenen Ecken der Glückseligkeit. Mit etwas Neugier schlängelt sich der Besucher durch ein paar Tore und entdeckt ruhige Innenhöfe, in denen Rosen blühen, und einen kleinen Park mit uralten Bäumen: den Garten der Stille, mittendrin ein Heckenlabyrinth, das hilft, sich beim Durchschreiten auf das Wesentliche zu konzentrieren. Hier und da steht eine Bank oder ein Stuhl, man kann sich hinsetzen und über Gott und die Welt sinnieren.

Letztere hat einen wieder, wenn man das Klostercafé oder die Restaurants vor den Toren der Abteianlage aufsucht. Vor allem sonntags heißt es hier auf den Terrassen „sehen und gesehen werden“, miteinander ins Gespräch kommen und Leckeres genießen. Danach kann man erfrischt auf dem Eifelsteig wandern. Nicht zufällig ist Kloster Steinfeld ein Etappenziel, zu himmlischen Freuden.

● Kloster Steinfeld, Hermann-Josef-Straße 4, 53925 Kall-Steinfeld
www.kloster-steinfeld.de, www.kloster-steinfeld.com

Geburt eines Kellerkindes

3 Ahrquelle und Eifelmuseum in Blankenheim

Wer ein uraltes Haus erbt, sollte mal an den Fundamenten rütteln und schauen, ob da nichts hervorsprudelt. Jedenfalls in Blankenheim. Denn hier, in einer versteckten, dunklen Nische unterhalb mittelalterlicher Mauern mitten im historischen Ortskern, wird die Ahr geboren. Sie beeilt sich, flugs als munter plätscherndes Bächlein an Fahrt zu gewinnen und bald das Gassengewirr des Städtchens zu verlassen. Sie ist es ja auch gewohnt, an ihrer Wiege bauliche Romantik pur zu haben, und will raus ins Grüne. Sonntagsausflügler machen es umgekehrt, sie zieht es rein in die Kulisse aus Kopfsteinpflaster und Fachwerk. Das Ensemble will mit schmalen Durchgängen, Treppen und weiß verputzten Mauern nicht aufhören, irgendwie an griechische Inselarchitektur zu erinnern.

Im Eifelmuseum jedoch wird man darauf gestoßen, wo man ist: Wohnkultur und Volkskunst aus der Eifel holen einen auf den Boden der historischen Tatsachen zurück, angefangen von den Römern über die Grafen von Blankenheim bis zu den Bildern des großen Eifelmalers Fritz von Wille. Gegenüber dem Museum gibt es in einem bunten Lädchen allerlei hübschen Kitsch, Krempel und Krimisouvenirs, wenig weiter Leckeres im Bistro oder Eiscafé. Glücklich wähnen können sich auch die Familien und Kids, die heutigen Burgherren, die hoch über allem in der Jugendherberge residieren. Sie ist in der Burg untergebracht, die sich aus einer wehrhaften Festung später in eine schicke barocke Anlage verwandelte.

Aber das ist noch nichts im Vergleich zum Narrenglück, welches jedes Jahr an Karnevalssamstag Tausende Jecken ergreift. In der Dunkelheit geht es los: Maskiert und kostümiert mit Betttüchern und Kordeln zieht der „Geisterzug“ mit Fackeln bewehrt durch die sonst finsteren Gassen. Der Ruf „Juh jah, kribbel en der Botz, wer dat net hätt, dä es nix notz!“ schallt von den Mauern und vertreibt nicht nur den Winter, sondern auch jegliche schlechte Laune. Von wegen „tote Hose“ in der Eifel: Hier steppt das Glück!

● Blankenheim mit Ahrquelle und Eifelmuseum, Ahrstraße 55–57, 53945 Blankenheim, Tel. (0 24 49) 8 72 22 oder 8 72 23
www.eifelmuseum-blankenheim.de

Die Getreideernte
unterm Scheunendach

Zeitreise mit Fliegenfischen

4 Die Bertradaburg in Mürlenbach

Weite Bahnstreckenabschnitte im Kylltal fühlen sich an, als würde ein Märchenwald den Gleisen immer enger auf die Pelle rücken. Bei Mürlenbach weitet sich das Ganze etwas und offenbart eine Art Gesamtkunstwerk quer durch alle Epochen. Im Hier und Jetzt sind Menschen, zumeist Männer, die mit Gummihosen bis unter die Achseln im Wasser stehen; mal still und konzentriert, mal fuchteln sie herum. Sie treibt die Sehnsucht nach Anglerglück um. Denn dieses Revier der Kyll ist eines der besten in der Eifel, um mit der Technik des Fliegenfischens den Forellen nachzustellen. Die brauchen klares, kühles Wasser, das schnell über Steine strömt und viele Verstecke bietet, und das hat die Kyll. Die Angler brauchen flache Zugänge, und die gibt es hier auch.

Schon Steinzeitmenschen schätzten die Begebenheiten vor Ort, sodass an dieser Stelle von jeher gesiedelt wurde. Aus der Vergangenheit grüßt eine wuchtige Burg aus fast knallrotem Sandstein, die über Mürlenbach thront. Auf dem Bergsporn soll es bereits ein Römerkastell gegeben haben, wie Münzfunde und Reste einer Tempelanlage nahelegen. Im 14. Jahrhundert wurde das Bauwerk, das heute da steht, urkundlich erwähnt. Und in der Zwischenzeit? Angeblich ist die Vorgängerburg, die es im 8. Jahrhundert gab, der Geburtsort von Kaiser Karl dem Großen. Zumindest lebten seine Eltern Bertrada und Pippin wohl auf dem Hofgut Mürlenbach. So heißt das imposante Wahrzeichen des Dorfs auch Bertradaburg.

Heute ist sie in Privatbesitz und kann nach Vereinbarung besichtigt oder bewohnt werden. Ein kaiserlicher Ausblick ins Kylltal versüßt das Urlaubsglück in den Ferienapartments der Burg. Jenseits der Kyll geht es hoch in einen endlosen Mischwald, nur erschlossen durch eine enge, gewundene Straße, an deren Ende in Meisburg es auf die Deutsche Vulkanstraße geht. Ehrwürdiges Ambiente, Petri Heil und wohlige Waldeinsamkeit … was will Mensch mehr?

● Bertradaburg, Burgring 11–13, 54570 Mürlenbach
www.bertradaburg.de
● Bf. Mürlenbach

HOTEL RESTAURANT
Burghof
STOP

Eckpfeiler des Glaubens

5 Die Bruder-Klaus-Kapelle in Mechernich

Man sieht es schon von Weitem: Kompromisslos schlicht, mit einer gewissen Unerbittlichkeit steht die Bruder-Klaus-Kapelle inmitten der landwirtschaftlichen Flächen bei Wachendorf, nicht weit von Mechernich. Wer bei dem Wort Kapelle an etwas Niedliches, Verspieltes oder Barockes denkt, ist hier an der völlig falschen Adresse. Wenn es einen Ort gibt, an dem Spiritualität das Motto „Weniger ist mehr" beherzigt, dann hier. Von fern wirkt die vom Schweizer Architekten Peter Zumthor entworfene Kapelle wie eine steinerne Trotzreaktion und mit ihrer schlanken hohen Form doch wie federleicht schwebend über der Horizontale der Wiesen. Erinnerungen an Stonehenge oder Carnac drängen sich auf. Zum keltischen Erbe der Eifel könnte das passen.

Im Sonnenlicht leuchtet der helle, minimalistische Turm aus Stampfbeton. Hinein geht es wie in ein Indianertipi durch einen schmalen Türspalt. Und drinnen umfangen den Besucher Formen von Fichtenstämmen wie eine Umarmung der Natur. 112 Holzstämme bildeten beim Bau die Innenkonstruktion und wurden nach einem dreimonatigen Mottfeuer herausgenommen. Geblieben sind die holzartigen Abdrücke im Beton. Der Boden ist aus Zinnblei. Licht fällt durch mundgeblasene, in den Beton eingelassene Glaspfropfen und das offene, zeltförmige Dach. Viel Platz ist nicht, einen Altar gibt es nicht, lediglich eine Bronzestele des Friedensheiligen Nikolaus von Flüe, dem die Stifterfamilie Scheidtweiler die Kapelle gewidmet hat.

TIPP
Im Ort Wachendorf gibt es ein Schloss, das als Zen-Zentrum genutzt wird.

Die Bruder-Klaus-Kapelle lenkt mit nichts von Meditationen ab, sie zwingt geradezu zur Stille und zum Innehalten. In ihr ist es dämmerig selbst im Sommer. Wer Glück hat, der ist hier allein, der vergisst alles, was draußen und durch die beschützende Mauer unglaublich weit weg ist. Manchmal jedoch kommen auch andere auf der Suche nach Andacht herein. Zu reden traut sich niemand. Dann ist man eben in unbekannter Gemeinschaft meditativ verbunden.

● Bruder-Klaus-Feldkapelle, Parkplatz an der Iversheimer Straße,
53894 Mechernich-Wachendorf
www.feldkapelle.de, etwa 20 Minuten Fußweg

Das Glück von 500 Mark

6 Burg Eltz bei Wierschem

Es gibt sie wirklich, die Burg, die auf dem 500-Mark-Schein dem Besitzer das wohlige Gefühl eines soliden Finanzpolsters gab. Sie sieht zwar aus wie für einen Märchenfilm geschaffen, ist aber ein 850 Jahre altes, oft bestürmtes und niemals von Feinden erobertes Eifeler Original: die Burg Eltz bei Wierschem. Sie liegt mitten im Wald auf einem Felssporn, umspült vom Flüsschen Elz – ohne t. Auch heute erfordert die touristische Eroberung ein gewisses Maß an Aktion, denn hin und zurück geht es vom Parkplatz aus nur zu Fuß. Oder per Shuttlebus. Aber wer irgend kann und ein Genießer ist, wählt den anderthalb Kilometer langen Weg durch ein Arboretum: Der Wald rund um die Burg ist ein Biotop mit besonders vielen seltenen Baumarten.

Die Eltz selbst ist die Quintessenz der Burgenromantik – und des sehr prosaischen Burgenalltags: Erker, steilste Schieferdächer, Fachwerk, Kopfsteinpflaster, meterdicke Natursteinmauern, reich dekorierte Rittersäle, vor Waffen und Gold starrende Schatzkammern, rußgeschwärzte Küchen, Plumpsklos mit Fallhöhe von etlichen Metern in die Schlucht oder Schlafzimmer mit Himmelbetten. Eine Führung – ganz gleich ob deutsch- oder englischsprachig – lässt nichts zu wünschen übrig. Neben faszinierenden Einblicken ins komplizierte ritterliche Leben dreier miteinander verwandter Familien, die hier quasi in einer Hausgemeinschaft lebten, gibt's unterwegs einen Crashkurs in Sachen Sprache gratis dazu. Woher Redewendungen wie „von der Pike auf lernen" oder „ins Bett steigen" kommen, wird hier ganz anschaulich klar. Betten zum Beispiel wirkten wie Feldherrnhügel im Raum und wurden über mehrere Stufen erklommen. Denn oben sammelte sich in den unbeheizten Stuben die warme Luft.

Den Grafen von und zu Eltz übrigens gehört die Burg noch immer. Ein Mitglied der Dynastie war auch Mitglied im Europarat. Dr. Karl Graf von und zu Eltz-Kempenich, genannt Faust von Stromberg, ist heutiger Besitzer, zieht jedoch den Wohnkomfort in Frankfurt am Main vor.

- Gräflich Eltz'sche Kastellanei Burg Eltz, Burg Eltz 1, 56294 Wierschem
Tel. (0 26 72) 9 50 50 - 0, www.burg-eltz.de
- Am Wochenende verkehrt ein Burgenbus von Treis-Karden, Müden, Moselkern und Hatzenport

Karge und reiche Landschaft

7 Die Ripsdorfer Heide bei Blankenheim

Der „Finger Gottes“ heißt im Volksmund die Ruine der Burg Dollendorf, die im Blankenheimer Ortsteil Schloßthal im Wald vor sich hin träumt. Reste des Bergfrieds aus dem 9. Jahrhundert ragen wie ein knorriger Daumen in die Höhe. Kaum ein Tourist verirrt sich hierher. Der fast bis an die Ruine führende Kreuzweg mit Stationen aus rotem Sandstein ermöglicht ungestörte Andacht. Der Wind pfeift über die Höhe, ab und an tuckert irgendwo ein Trecker. Von der barocken Antoniuskapelle aus, die zum Kreuzweg gehört, ahnt man mit Blick über das Lampertstal, wie karg hier das Leben in früheren Jahrhunderten gewesen sein muss. Zum Glück, möchte man aus heutiger Sicht fast sagen.

Denn den Eifelern, die hier lebten, blieb zum Lebensunterhalt auf dem steinigen Boden und mit schneereichen Wintern nur die Haltung von Schafen und Ziegen, um über die Runden zu kommen. Die Viecher sind zu Recht bekannt für ihren Appetit, der vor – fast – nichts haltmacht. Der einst dichte Wald hatte keine Chance und wurde kontinuierlich abgeknabbert. So entstand an den steilen, mageren Kalkhängen zwischen Burg Dollendorf und dem von einem buchstäblich aussichtsreichen Kalvarienberg gekrönten Alendorf eine toskanisch anmutende Hügellandschaft mit blühender Heide, winzigen Orchideen, Enzianen und kerzengeraden Wacholderbüschen. Seltene Schmetterlinge, Vögel und Reptilien fühlen sich hier wohl. Rund 650 Hektar dieser Heidelandschaft stehen unter Naturschutz und sind besonders im Frühling und im Spätsommer eine duftende, summende, bunte Insel im Grün der Nordeifel.

Immer wieder führen schmale Pfade von den ausgeschilderten Wanderwegen ab ins Nichts der Heide-Einsamkeit, manchmal nur wenige Meter weit. Wer ihnen folgt und sich einen Moment auf den von trockenen Gräsern bedeckten Boden setzt, wird eins werden mit dem Leben ringsum – das ist eine Portion Glück.

- Ripsdorfer Heide, Wanderparkplatz Lampertstal in Ripsdorf
- ÖPNV: Bf. Blankenheim (Wald), weiter mit Bus 833 Richtung Ripsdorf

Junge Kunst und alter Ort

8

Das Kunsthaus NRW in Aachen-Kornelimünster

Eine echte Ruheoase liegt vor den Toren der alten Kaiserstadt Aachen, in den letzten sanft gewellten Ausläufern der Eifel. Es lohnt sich, Kornelimünster zu Fuß zu entdecken. Kopfsteinpflaster, eng aneinandergeschmiegte hohe Häuser um den Marktplatz, ein paar Cafés und Lokale, eine Kirche … die Zeit scheint in Kornelimünster stehen geblieben zu sein. Manche Häuser wirken geheimnisvoll schlafend wie von Magritte gemalt, vor ihren Türen darf Grünes und Blühendes ungezähmt in die Sonne emporwachsen. Hier wird Eile für den Besucher zu einer vollkommen unbekannten Dimension.

Den mittelalterlichen Ortskern mit der gotischen Abtei im Herzen hat man schnell umrundet. Der Jakobspilgerweg und der Eifelsteig führen an ihr vorbei. Wer hier unterwegs ist, entschleunigt. Mit spirituellem Tiefgang pilgern oder ganz weltlich wandern und dabei die Seele in Balance kommen lassen – das passt zu Kornelimünster. Vor allem das wuchtige mittelalterliche Torhaus zum Abteigarten und zur Bannmühle hin scheint aus Dornröschenträumen entsprungen und ist sogar dem verträumten Marktplatz noch abgewandt. Im vom Flüsschen Inde gespeisten Becken spiegeln sich Bäume und Gemäuer.

TIPP

Gratisführung jeden letzten Sonntag im Monat um 15 Uhr.

Aber Kornelimünster kann wenige Schritte entfernt auch ganz jung sein. Vom Ehrenhof der Abtei-Residenz aus gelangt der Besucher ins Kunsthaus NRW. Hier steht die Moderne im Mittelpunkt – und Kunst von jungen Künstlern. Architektur, Fotografie, Bildhauerei, Grafik oder Installationen werden hier in wechselnden Ausstellungen gezeigt, aber auch im „Offenen Depot", das die bisherige Kunstförderung in Nordrhein-Westfalen belegt und bisweilen für das Publikum zugänglich ist. Schaulager und Transportpaletten fungieren als Museumsraum. Rund 4000 Kunstwerke, alle seit 1945 entstanden und angekauft, beherbergt das Kunsthaus NRW. Eine beseelende Entdeckungsreise für alle, die nicht nur Mona Lisas und Picassos sehen wollen, sondern das Glück neuer Talente zu schätzen wissen.

- Kunsthaus NRW, Abteigarten 6, 52076 Aachen-Kornelimünster
  Tel. (0 24 08) 64 92, www.kunsthaus.nrw.de
- ÖPNV: Bus 35, 66 Haltestelle Aachen-Kornelimünster,
  Bus 55 Haltestelle Kornelimünster-Schulberg

Fangfrische Forellen

9

Die Heidsmühle von Manderscheid

Frischer geht's nicht: Was in den klaren Wassern der Kleinen Kyll schwimmt – oder vielmehr in den von ihrem Lauf abgezweigten Becken –, das landet wenig später in der Küche. Die Heidsmühle, von Tobias Stadtfeld in der fünften Generation geführt, ist ein klassisches Ausflugsziel wie aus dem Bilderbuch, umso mehr nach der großen Juliflut 2021. Viel Glück gab es im Unglück: Das alte Gasthaus braucht eine Genesungskur, seitdem ist jedoch eine rustikale, große Holzhütte urgemütliches Refugium für Menschen, die Ursprüngliches lieben. Es findet sich Muße genug für Eis, verführerische hausgemachte Kuchen oder regionale Wildspezialitäten. Doch der Renner sind natürlich die Forellen. Auch sie sind der Heidsmühle treu geblieben. Die Eifeler sind überzeugt: Hier gibt es weit und breit die leckersten, mal pur, mal mit Kräutern oder mal mit Mandelkruste.

TIPP
Im Winter vom Achtsamkeitspfad rechts zur Wolfsschlucht hoch: frei sichtbare bizarre Basaltwände!

Was die Heidsmühle zur guten Wanderadresse auf dem Eifelsteig macht, ist der Achtsamkeitspfad entlang der Kleinen Kyll, einem Schwesterchen der Lieser. Die etwa einstündige Rundwanderung ist eher ein Waldspaziergang und auch für Untrainierte leicht machbar, aber sie vereint in sich die Quintessenz der Premiumsteige. Auf mal steinigem und mal waldweichem Weg geht es unter Buchen und Eichen entlang, stets begleitet vom Wasserrauschen. Es duftet nach Wald und die Vögel singen … An einigen Erlebnisstationen kann man auch anderen Klängen lauschen. Die Route schlängelt sich bis zum Einstieg in den Horngraben, in dem der Vulkanismus von seltenen Moosen bewachsene Basaltbrocken hinterließ. Sie liegen in der engen Schlucht wie durcheinandergewürfelte Bauklötzchen.

Kurz darauf führt die Germanenbrücke über einen Wasserfall. Beides klingt martialischer, als es ist. Aber es ist einfach schön: Klares Wasser strömt über Felsbrocken abwärts und sammelt sich strudelnd in Gumpen. Eine hölzerne Brücke nicht germanischen Ursprungs, sondern zum Glück immer in Schuss gehalten und nach der Flut neu gebaut, geleitet bequem darüber hinweg.

● Heidsmühle Manderscheid, Mosenbergstraße 22, 54531 Manderscheid, Tel. (0 65 72) 7 47, www.heidsmuehle.de/restaurant-heidsmuehle

Verbrechen bei Sahnetörtchen

10 Krimihotel und Kriminalhaus in Hillesheim

Seit Jacques Berndorf die Gegend rund um Hillesheim mit fiktiven Leichen pflasterte, ist hier der Krimiboom ausgebrochen. Es gibt Wanderungen auf den Spuren der Eifelkrimi-Schauplätze, zum Beispiel zu einem verlassenen Steinbruch, in dem Uhus brüten. Mitten im Städtchen steht das ziemlich plüschige Krimihotel mit dem Charme von Agatha Christie und Hercule Poirot, in dem zartbesaitete Naturen angesichts manch einer perfekt imitierten Mordwaffe und einer geheimnisvollen Atmosphäre vermutlich eher unruhig schlafen. Aber wer bucht schon einen Entspannungsurlaub, bei dem Alfred Hitchcock grimmig übers Doppelbett blickt? Die echten Krimihotelfans lieben vor allem den Escape-Room, aus dem sie sich trickreich selbst befreien müssen.

TIPP
Probieren Sie die Kaffee-Spezialröstung Schwarzer Tod.

Ein paar Schritte entfernt vom Hotel steht das Mekka aller deutschsprachigen Krimifans: das Kriminalhaus. Unten, bei Kaffee und Kuchen im Café Sherlock, verbinden sich kriminelle Gelüste – natürlich nur die fantasierten – mit ganz irdischen nach Süßem und Sahnigem. Dazu gibt es das passende Interieur mit allen nur denkbaren Accessoires aus Krimis, ganz gleich ob filmisch oder literarisch. Oben, erreichbar über stilecht knarzende Treppen, ist das Reich des Autors und Verlegers Ralf Kramp, Chef des KBV-Verlags. Dorthin sollte man sich nicht unbedingt verirren, da wird gearbeitet. Aber das Kriminalhaus beherbergt unterm Dach noch das Deutsche Krimiarchiv: eine Mischung aus Bibliothek und Antiquariat mit insgesamt 30.000 Bänden. Gemütliche Leseecken gibt es hier, in denen man sich verlieren kann. Über eine Wendeltreppe erreichbar ist das Reich der Krimispiele, mit Puzzles und Brettspielen aus aller Welt. Krimis kaufen kann man im Kriminalhaus natürlich auch: in der Buchhandlung Lesezeichen, die von Ralf Kramps Ehefrau Monika fachkundig geführt wird. Manchmal ergattern Genreliebhaber bei ihr von den Autoren handsignierte Exemplare – von den noch lebenden, nicht gemeuchelten Autoren, versteht sich.

- Krimihotel, Am Markt 14, 54576 Hillesheim, Tel. (0 65 93) 9 80 89-600, www.krimihotel.de
- Das Kriminalhaus, Am Markt 5–7, 54576 Hillesheim, Tel. (0 65 93) 9 98 96-0 www.kriminalhaus.de

Das
Kriminalhaus
Café
SHERLOCK

Von Bullen und Landeiern

11 Monreal im Elztal

Ob Uwe Ochsenknecht und Diana Amft das Städtchen Monreal, nicht weit von Mayen, als Glücksort empfinden, sei dahingestellt. Schließlich müssen die beiden Mimen dort arbeiten, damit die heiteren Krimis der Serie Der Bulle und das Landei das Publikum erfreuen können. Doch nicht nur die Fernsehzuschauer sind beglückt angesichts der Fachwerkkulisse: Monreal sieht wirklich so aus, live und ungeschönt. Die Elz plätschert genüsslich durch das Bilderbuchdorf, standesgemäß bewacht vom Heiligen Nepomuk auf der Brücke. Hier durch die kopfsteingepflasterten Gassen zu flanieren, versetzt einen in eine märchenhafte Vergangenheit – wenn nicht gerade die Filmcrew schuftet. Die ARD hat das einst dornröschenhafte Kleinod aus dem Schlaf gerissen. Shopping wird nach wie vor eher kleingeschrieben, dafür die leiblichen Genüsse umso größer. Und die Gastronomen setzen sie in einem Ambiente in Szene, das zur nostalgischen Schwelgerei passt.

Bei Arenz am Malerwinkel, im Café Plüsch, im Brixius-Eck oder im Alten Pfarrhaus gibt es Süßes und Herzhaftes, etwas außerhalb der Fachwerkidylle ist das ehemalige Stellwerk eine gute Adresse für Fleischliebhaber. Für das Glück am Gaumen ist in Monreal also ausreichend gesorgt. Für noch mehr Glückshormone sorgt eine Wanderung über den etwa 14 Kilometer langen Traumpfad Monrealer Ritterschlag, der 2011 zum schönsten deutschen Wanderweg gekürt wurde. Er führt hoch zur Löwen- und zur Phillipsburg, welche über dem Städtchen thronen. Die 500 Höhenmeter, die insgesamt zu meistern sind, erfordern Trittsicherheit, werden aber versüßt durch Pausen auf Waldsofas und Pfade durch eine Wald- und Wiesenlandschaft, die idealtypisch ist für menschliche Träume von intakter Wohlfühlnatur. Von oben dann kann man ins Gassengewirr schauen, in Gärten und Höfe und in den Trubel, der sich an Schönwetterwochenenden unten breitmacht. Oben ist es herrlich still.

- Monreal, www.monrealeifel.de
- ÖPNV: Bf. Monreal

Abheben vor Glück

12

Drive & Fly in Föhren

Zu Land, zu Wasser und in der Luft: Norbert Klippel, urgemütlicher Moselaner, hat eine Fahrschule der besonderen Art gegründet. Besonders ist dabei nicht die Lage auf dem einstigen Militärflughafen. Besonders ist auch nicht, dass direkt nebenan in einem rustikalen Blockhaus namens Fly Inn ein Koch, der einst im Sternerestaurant lernte, nun Gutbürgerliches auf die Teller zaubert.

Besonders ist, dass Norberg Klippel und sein Sohn Michael vor keinem Fahrzeug zurückschrecken. Bei ihnen kann man, teils auch als Ferienkurs, alle denkbaren Führerscheinklassen absolvieren. Und das ist wörtlich gemeint, denn nicht nur wuchtige Lkws oder Busse, Pkws oder Motorräder kommen hier in Schwung. Bei Klippels lernt man auf der nahen Mosel auch, wie Motor- und Sportboote souverän durch die Fluten gesteuert werden. Und Ultralight- oder Privatpiloten gehen – ebenfalls Klippel sei Dank – in die Luft. Ganz besonders ist auch, dass Klippel einer der sehr wenigen Piloten in Deutschland ist, der sich mit einem Wasserflugzeug in allen Elementen bewegt.

Wer nicht selbst den Steuerknüppel in die Hand nehmen, sondern sich einfach entspannen möchte, kann mit Klippel und seinem Team genüsslich als Passagier abheben. Ein Rundflug über die Eifel und das Moseltal legt den Mitfliegern eine Landschaft zu Füßen, die aus der Vogelperspektive mit ihren Schluchten und Wäldern, kleinen Städtchen und Burgen aussieht wie ein waschechter Glücksmoment für Nils Holgersson. Der Blick darf unbegrenzt weit schweifen, Reinhard Meys Über den Wolken klingt unweigerlich im Ohr. Die Faszination des Fliegens wird in manchen Augenblicken ganz konkret: Luft ist viel mehr als ein unsichtbares Nichts, sondern auch ein Element, das seine vitalen Kräfte spüren lässt. Das bringt die Augen zum Leuchten – auch dann noch, wenn man längst wieder am Boden ist.

TIPP

Im August verwandelt die Mosel-Ballonfiesta den Flugplatz in ein Farbenmeer, das gen Himmel steigt.

● Drive & Fly, Jean-Monnet-Straße 11, 54343 Föhren, Tel. (0 65 02) 98 07 87
www.drive-and-fly.de, www.fahrschule-klippel.de

Einfach mal blaumachen

13 Die Blaue Ecke in Adenau

Adenau ist das Tor zur Hölle. Genauer gesagt zur Grünen Hölle des Nürburgrings. Wer auf die Nordschleife will, kommt an der kleinen Stadt zu Füßen der Hohen Acht – dem mit knapp 750 Metern höchsten Berg der Eifel – nicht vorbei. Nicht weit vom verkehrsberuhigten Fachwerkensemble des Buttermarkts, der mittelalterlichen „Keimzelle" des Orts, tummeln sich die PS-Freaks, bevor es auf die Piste geht. Etwas weiter talabwärts liegt die Hauptschlagader von Adenau für die Nürburgringfans. Das, was die Croisette für Cannes und seine Filmstars ist: die Meile zum Sehen und Gesehenwerden. Hier reihen sich Läden, Bis-tros, Eiscafés und Restaurants aneinander, manche davon gutbürgerlich und durchaus in die Jahre gekommen – rustikale Motorsportfans brauchen kein Schickimicki zu ihrem Glück.

Wer vom Adrenalinschub des Geschwindigkeitsrausches auf der Nordschleife wieder entspannen will, der tut das an der Blauen Ecke. Den Namen hat Adenaus gute Stube von einem blau gestrichenen Fachwerkhaus. Es wurde ursprünglich schon 1578 vom Grafen Are-Nürburg Hochstaden errichtet und beherbergt heute ein Hotelrestaurant. Hier sitzen die Gäste vor einem plätschernden Brunnen auf dem kopfsteingepflasterten Platz, essen und trinken und schauen in aller Seelenruhe der kraftstrotzenden, chromblitzenden Karawane zu.

Beim Oldtimer-Grand-Prix, 24-Stunden-Rennen oder anderen rasanten Events kutschieren die Ferraris, Lamborghinis, Porsches oder andere getunte Rallyefahrzeuge hier entlang und lassen die Eisbecher beben. So gibt es Motorsport-Feeling live, während man sich selbst gefahrlos, vollkommen entspannt und glücklich der Kalorienzufuhr widmen kann. Wer anschließend Absolution für die Schlemmersünden erbitten möchte, kann von der Blauen Ecke gleich die Kollegasse hochlaufen und im Wald Buße tun: auf einem neogotischen Kreuzweg mit 14 kunstvollen Skulpturen aus Basalt, Lava und Sandstein.

● Blaue Ecke, Markt 5, 53518 Adenau, Tel. (0 26 91) 20 05
www.blaueecke.de

Restaurant
blaue e

Zum Wohlsein!

14 Die Bitburger Marken-Erlebniswelt

Bitburg gibt es wirklich. Und zwar nicht nur in Form von „flüssigem Brot“, wie Bier auch genannt wird, sondern tatsächlich als Stadt. Sie wurde berühmt, weil hier Helmut Kohl und Ronald Reagan 1985 den Ehrenfriedhof Kolmeshöhe besuchten, auf dem auch SS-Leute begraben sind. Doch mit Politik haben die Einwohner nicht viel am Hut, auch die auf einer Airbase stationierten US-Streitkräfte sind fort. Die Bitburger, im Grunde Nachfahren keltisch-römischer Tavernenbetreiber an einer antiken Heerstraße, sind eher von der gemütlichen, feierfreudigen Sorte. Das beweist unter anderem ihr Folklorefestival, das jeden Sommer Tanz-, Musik- und eben Folkloregruppen aus aller Welt in die Stadt lockt. Oder das Gäßestrepperfest, bei dem echte Bitburger mit Kyll- und Nimswasser plus Bier getauft werden. Und die Existenz einer der größten deutschen Brauereien.

TIPP
Zwei Freigetränke sind im Eintrittspreis enthalten.

Die eigentliche Braustätte ist längst ein riesiger Komplex am Rande der Stadt, doch am historischen Sitz, in der Nähe der Relikte einer römischen Stadtmauer, ist eine große Bier-Erlebniswelt entstanden. Multimedial erfährt der Besucher hier, wie Bier gebraut wird. Zum Beispiel stammt ein Teil des Hopfens, der das Aroma des obergärigen Bieres wesentlich mitbestimmt, aus der Region. Viel erfährt man auch über eine turbulente Erfolgsgeschichte. Denn es ist erst rund 200 Jahre her, dass eine durchaus clevere Eifeler Bauern- und Gastwirtsfamilie im Kylltal mit dem Bierbrauen anfing … und einfach nicht mehr aufhören konnte.

Das Schöne an der Marken-Erlebniswelt der Bitburger Brauerei ist, dass es nicht bei der Theorie bleibt. Man darf in der Genießerlounge anschließend gern auch das goldig leuchtende Getränk probieren. Neben dem herben Pils beglücken auch Radler oder gänzlich alkoholfreie Spezialitäten „made in Bitburg“ die durstigen Kehlen. Auf diese Weise wird die Führung durchaus zum familientauglichen Event oder zum perfekten Radtour-Ziel.

● Bitburger Marken-Erlebniswelt, Römermauer 3, 54634 Bitburg
www.bitburger.de

Unter den Augen des Greifen

15 Die Römervilla von Duppach

Hoch oben tiriliert eine Lerche im Sommerhimmel, der Wind bringt Bewegung in grünes Gras und gelben Löwenzahn, der Rundumblick offenbart Weite bis an ferne Waldränder und einen winzigen Weiler, der sich in eine Senke kuschelt. Hier haben sich schon die Römer wohlgefühlt. Bereits im frühen 20. Jahrhundert stießen die Bauern von Duppach beim Pflügen nahe eines Weiermühle genannten Ortsteils immer wieder auf behauenen roten Buntsandstein: Köpfe eines Jünglings, eines Ebers, eines Löwen, mit stilisierten Blüten verzierte Fragmente und mehr. Praktisch veranlagt, wie die Eifeler sind, wurden manche Funde sogar ins eigene Heim verbaut. 1980 dann fanden Archäologen mit einer Portion Glück auf dem Feld so viele Scherben und behauene Steine, dass klar war: Hier lohnt es sich, zu graben. Ab 2002 wurden die Reste einer römischen Villenanlage zutage gefördert. Wieder auferstanden ist ein kleiner Kräutergarten mit allem, was die römische Küche würzte, ein mit antiken Techniken erfolgter Nachbau eines Speichergebäudes, eine Trockenmauer, eine Exedra (ein römischer Sitzkreis) und die Replik eines martialisch dreinschauenden Greifenkopfes. Das Zeitfenster tut sich auf in eine fast 2000 Jahre zurückliegende Vergangenheit. Hier, inmitten von Wiesen und Feldern, spüren heutige Besucher ein Stück vom Alltag der mediterranen Vorfahren. Innehalten und ahnen, dass Glück auch etwas ganz Bodenständiges sein kann, für das man hart „ackert".

Aber ob die damaligen Siedler wussten, dass sie buchstäblich auf einem Vulkan tanzten? Vielleicht, denn nicht weit von der Villa entfernt gibt es einen Sauerbrunnen, dessen heraussprudelndes Mineralwasser besonders eisen- und CO^2-haltig ist. Auch das nördlichste Eifelmaar, das Eichholzmaar, liegt gleich um die Ecke. Es war einst trockengelegt und wurde 2007/2008 renaturiert, sehr zur Freude der seltenen Wasservögel und Reptilien, die sich schon bald wieder einfanden.

● Römervilla Duppach, Anfahrt über Hillesheimer Straße (GPS 50.26585, 6.57691)
www.archaeologie-duppach.de

Neunzig Jahre Mythos

16 Faszination Nürburgring

Der legendäre Nürburgring, der seit 1927 die einsamen und windigen Hocheifelhöhen durchzieht, ist für alle PS-Fans nicht nur ein Glücksort, sondern geradezu das Mekka des Glücks. Politisch und finanziell geriet er zwar zwischendurch auf den Standstreifen, doch wer Benzin im Blut hat, muss hier hin. Truck Grand Prix, Oldtimer Grand Prix, 24-Stunden-Rennen, DTM, Drift-Cup, VLN-Langstreckenmeisterschaft oder schlicht die Nordschleife zum Selberrasen sind auch ohne Formel 1 euphorisierend für jeden, der Motorsport liebt. Neben der gigantischen Erlebniswelt steckt pures Adrenalin in Pisten und Tribünen. Entlang der Nordschleife gibt es etliche Stellen im Wald, wo man die wagemutigen Wochenend-Schumis live erleben kann. Herzrasen inklusive.

Wer ohne lautstarke PS-Hilfe in Schwung kommt, ist beim Fisherman's Friend Strongmanrun zu Fuß an der richtigen Adresse. Der Ring versöhnt sogar Radler und Motorfreaks: Unter dem Motto Pulsmesser statt Pferdestärken ist an bestimmten Tagen der heilige Asphalt offen für Drahtesel samt Besatzung. Junge Musikfans schwören auf das Festival Rock am Ring, das nach kurzem Exil zurückgekehrt ist an seinen Geburtsort von 1985. Mit dieser Festival-Legende und mit Events wie Nürburgring olé, New Horizons oder Hölloween Rock ist das Glück dann weniger spiritueller als akustischer Natur.

Ganz gleich, was gerade auf dem Nürburgring steigt: Die umliegenden Dörfer und Städtchen leben davon. Im Umkreis von 30 Kilometern ist bei den Highlights jede Badewanne an Gäste vermietet. Und die kommen aus aller Welt, „Multikulti" wird zum allseitigen Vergnügen konkret gelebt. Wer den Ring liebt, liebt auch seine quirlige Internationalität inmitten der idyllischen Eifellandschaft.

Und wer das schnelle Fahren noch üben will, der wird im Fahrsicherheitszentrum am Nürburgring beglückt: Schleudern ohne Schäden. Yippie!

● Nürburgring, Otto-Flimm-Straße, 53520 Nürburg
www.nuerburgring.de

ring°werk
Bitburger
ürburgring
nfo°center
NEW HORIZONS
7 FESTIVALS IN ONE
Tiefgarage

Überschaubar unübersehbar

17 Das Heimat- und Erlebnismuseum in Münstermaifeld

Wer von Weitem auf Münstermaifeld blickt, fühlt sich an Der Name der Rose erinnert: Ein mehr als 30 Meter hoher Doppelturm aus hellem Mauerwerk mit kompakter romanischer Wucht dominiert eine lang gezogene Anhöhe. Darunter kein Häusermeer, eher ein Häuserteich. Sieht aus, als würde Sean Connery gleich um die Ecke biegen und finstere Machenschaften aufdecken. Nichts könnte jedoch zu Füßen der ehemaligen Stiftskirche St. Martin und St. Severus in Münstermaifelds Stadtkern ferner sein als das Grauen. In engen Straßen kuscheln sich hell verputzte Renaissance-Herrenhäuser und Bürgerhäuser aus dem dunklen Vulkangestein der Osteifel aneinander. Mittendrin duftet ein kleiner öffentlicher Rosengarten vor sich hin, am mittelalterlichen Eulenturm sprießt ein Kräutergarten. Ein historischer Stadtrundgang nimmt rund eine Stunde Zeit in Anspruch, nicht mehr.

Im Heimat- und Erlebnismuseum in der Alten Probstei versinkt man vollends in der Nostalgie. Heimatmuseum gleich langweilig? Nicht in Münstermaifeld. Denn hier ist Deutschlands größtes Ladenmuseum untergebracht und schenkt Geschäften oder Handwerksbetrieben aus den letzten zwei Jahrhunderten eine Wiederbelebung. Von der jüdischen Metzgerei bis zum Kolonialwarenladen ist es vollgestopft mit Dingen, die viele noch aus ihrer Kindheit oder von den Großeltern kennen. Vergangene Kaffeemarken, einzelne Bonbons in riesigen runden Glasbehältern … Man macht „Ah!“ und „Oh!“ und fühlt sich wieder als glücklicher Dreikäsehoch, der kaum über die Ladentheke gucken kann und die Warenwelt bestaunt.

Vor den Toren der Stadt liegt das Dorf Mörz, wo einige Bildhauer oder Keramiker in den typischen Bruchsteinhöfen mit blumenreichen Innenhöfen ihre Ateliers haben. Von hier aus kann man eine knapp fünf Kilometer lange Radtour runter ins autofreie, mit 15 alten Mühlen gesäumte Schrumpftal machen. Zurück und rauf kann man zum Glück wandern … oder schieben.

● Heimat- und Erlebnismuseum, Münsterplatz, 52294 Münstermaifeld
www.muenstermaifeld.de

Drei Augen der Eifel

18

Die Dauner Maare

Mutter Erde meinte es mit den Eifeler Urmenschen nicht gut: Ihnen flogen die Brocken nur so um die Ohren. Aufsteigendes Magma traf auf Grundwasser und sprengte in gigantischen Dampfexplosionen tiefe, kreisrunde Krater ins Gebirge. Heute beäugen Wasservögel die Zweibeiner und umgekehrt. Schafe und Ziegen gehen stoisch wiederkäuend ihrer Aufgabe als Landschaftspfleger nach.

Das Gemündener Maar, das Weinfelder Maar und das Schalkenmehrener Maar gelten mit ihrem klaren, tiefblau den Himmel spiegelnden Wasser als die Augen der Eifel. Das Naturschutzgebiet der drei nebeneinander- liegenden Maare ist riesig. Der Eifelsteig führt mitten hindurch, und Schalkenmehren, ein schnuckeliges Dorf im Maarkessel, lockt bei schönem Wetter mit seinen Cafés und Restaurants Einheimische und Touristen, fitte Wanderer und gemütliche Schlemmer an. Bei Regen oder Herbstnebel duftet es nach Laub, Erde, Wasser. Und es ist still.

Bei Sommerhitze bieten das Schalkenmehrener und das Gemündener Maar eine ganz andere Geräuschkulisse: johlende Kids, die ins immer kühle Wasser springen. Das Gemündener Maar wird außerdem zur Kulisse eines Kultur-Ereignisses namens Klassik auf dem Vulkan, bei dem schon mal internationale Stars Opernarien schmettern. Derweil sitzt, lehnt oder liegt das entspannte Publikum nach Lust und Laune auf der riesigen Sonnenwiese und picknickt.

Eine Spur andächtiger geht es nebenan am Weinfelder Maar zu. Bekannter ist es als Totenmaar. Vom Dorf Weinfeld, das von der Pest dahingerafft wurde, ist nur eine kleine Wehrkapelle geblieben. Sie ist voller Votivtafeln, vom Kreuzgewölbe hängt eine Schnur herab: Wer daran zieht, läutet die Glocke.

Vom Segelflugplatz Senheld auf dem Kraterrand des Schalkenmehrener Maars kann man den Himmel über der Vulkaneifel erobern. Der zweitbeste Überblick bietet sich vom höchsten Punkt des Kraterrandes: Dort steht der wuchtige Dronketurm, ein Monument preußischer Freude an Weitblick und spektakulären Aussichten.

● Dauner Maare, Anfahrt über Gemünden bzw. Schalkenmehren

Das Gold der Streuobstwiesen

19 Brennerei Bares in Trimport

Das Bitburger Gutland hat sich an vielen Ecken das Tor zur Glückseligkeit bewahrt, zum Beispiel in Form von Streuobstwiesen, die im Herbst voller Früchte sind. Unter uralten, knorrigen Apfel-, Birnen- oder Pflaumenbäumen grasen bisweilen Kühe. Ein ganz besonderes Eifeler Früchtchen sind die Nelchesbirnen. Herzhaft reinbeißen ist allerdings ein knallhartes und säuerliches Erlebnis, das man sich besser erspart. Auch von den vielen Schlehenhecken mit ihren schwärzlichen Beeren sollte man die Finger lassen. Aber die Eifeler wissen, was man aus alldem machen kann: edle Spirituosen. Und so haben einige Höfe in der Südeifel seit Jahrhunderten exklusive Brennrechte.

Der Erfinder einer extrem edlen Variante von Obstbränden ist Bernhard Bares. Sein Hof liegt, natürlich inmitten von Streuobstwiesen, an einen Hang geschmiegt im Ortsteil Teitelbach des sowieso schon winzigen Dörfchens Trimport. Dass Trimport zum Beispiel auf der Grünen Woche in Berlin buchstäblich in aller Munde ist, liegt am herzlichen Herrn Bares. Der mittlerweile betagte Bauer hat nicht nur eine ganz normale Landwirtschaft, wie es sich für die Region gehört, sondern er gründete auch den Verein Eifel Premium Brand, bei dem es um Hochprozentiges geht. In der rustikalen Probierstube des Hofes schmeckt man schnell heraus, dass hier „Schnaps" nicht das letzte Wort ist, sondern ein banaler Ausdruck für einen himmlischen Genuss.

Die Eifel Premium Brände, die nebenan in der Brennerei aus dem Kessel rinnen, schmeicheln sich weich an den Gaumen und entwickeln dort eine Fülle fruchtiger Aromen. Sie „beißen" nicht mit ihrer alkoholischen Wucht wie viele ihrer industriell erzeugten Kollegen. Die Unterschiede liegen im Verfahren, das von Bernhard Bares besondere Sorgfalt bei der Auswahl der Früchte und besonders viel Geduld beim Destillieren erfordert. Er hat mittlerweile 26 Mitstreiter überzeugt, dasselbe Brenn-Niveau zu halten wie er. So zu leben macht dankbar: Der Muttergottes wurde ein Heiligenhäuschen im Garten spendiert.

● Brennerei Bares, Teitelbach 4, 54636 Trimport, Tel. (0 65 62) 81 20
www.eifel-premium-brand.de

Bl. Ia
150 L.
ARNOLD

Pure Schönheit am Ufer

20

Das Arp Museum ist eine Eifeler Grenzerfahrung

In Remagen fällt das Eifeler Gebirge steil in den Rhein, abrupt gehen die waldreichen Höhen über in das wasserglitzernde Flusstal. Das in den grün überwucherten Hang gebaute Arp Museum mit seinen puristischen Formen und seinem strahlenden Weiß wirkt wie das futuristische Märchenschloss eines Königs, der sich gegen Wildwuchs behaupten will. Das „Schloss“ wurde vom amerikanischen Stararchitekten Richard Meier entworfen und 2007 als Arp Museum eröffnet. Es wird durch einen Tunnel erobert, der fast auf Uferebene vom klassizistischen Gebäude des ehemaligen Bahnhofs Rolandseck ausgeht und in einem Aufzug mündet. Oben im Arp Museum ausgestiegen, ist die Atmosphäre eine ganz andere: Alles ist lichtdurchflutet, hell und offen mit Blicken in den Wald hinein und über das weite Rheintal hinweg zum gegenüberliegenden Siebengebirge. Hier wird spürbar, wie perfekt die Symbiose von Natur und moderner Architektur gelungen ist. Es fühlt sich an wie eine Befreiung, man glaubt zu schweben und von innen sanft in die Welt da draußen hinübergleiten zu können. Für Menschen, die Kunst in all ihren Facetten lieben, ist das Arp Museum sicher einer der beglückendsten Orte in Deutschland. Allein die Dauerausstellung mit Werken des dadaistischen Künstlerpaares Sophie Taeuber-Arp und Hans Arp – sie eine Legende der Textilkunst, er weltberühmt für seine geschwungenen, abstrakten Skulpturen – lässt das ästhetische Herz höherschlagen. Man möchte schimmernde, samtige Oberflächen streicheln, die Hände in Warmes und Weiches vergraben. Doch Anschauen muss reichen, die Fantasie findet ihre Nahrung. Lockstoff sind darüber hinaus spektakuläre Wechselausstellungen zu außergewöhnlichen, berührenden Themen oder zu Künstlern wie etwa Salvador Dalì. Kreative bekommen Inspirationen in Workshops zu künstlerischen Techniken, es gibt erhellende Vorträge oder auch Konzerte mit Weltmusik aus verschiedenen Kulturen. Im Arp Museum am östlichen Rand der Eifel ist die Seele moderner Kunst zu Hause.

TIPP

Vor dem Museum am Rhein ist das Skulpturenufer Remagen mit faszinierender Bildhauerei entstanden.

● Arp Museum Bahnhof Rolandseck, Hans-Arp-Allee 1, 53424 Remagen, Tel. (0 22 28) 94 25 16, www.arpmuseum.org,
● ÖPNV: Regionalbahn RB 26, Haltestelle Rolandseck

Bahnhof Rolandseck
arp museum

Sauer macht lustig

21 Der Drees in Niederstadtfeld

Das Dorf Niederstadtfeld hat Rhythmus im Blut und greift nach den Sternen – im übertragenen Sinn. Es liegt in einem einstigen vulkanischen Kraterrund am Kosmosradweg, der sich vom Dauner Kurpark aus an kleinen Gebirgsbächen entlang bis zum Meerfelder Maar schlängelt. Hinterbüsch heißt die Gegend – von jeher ein abgelegenes Fleckchen Erde zwischen uralten Siedlungen, aus denen die Städte Daun, Manderscheid und Bitburg wurden. Man radelt durch eine abwechslungsreiche Landschaft und vergisst die menschliche Zivilisation. Obwohl: nicht ganz. Ein Rhythmus kommt vom Stampfen des Warmpresswerks, das am Ortsrand von Niederstadtfeld Schmiedeteile produziert. Auch die Eifeler leben nicht nur von frischer Luft und Liebe zu ihren Kühen. Das Stampfen bleibt leise gedämpft im Hintergrund, wie ein pulsierender Herzschlag.

Deutlich hörbar ist etwas, das ebenfalls mit Eisen zu tun hat. Sehen kann man es nur, wenn man sich Zeit nimmt und vom Rad steigt: Wasser, das aus einer von Steinen eingefassten Quelle plätschert. Ein paar Stufen muss man hinunter, dann aus der hohlen Hand trinken – und sofort schmeckt man: Das ist kein gewöhnliches Wasser! Selbst im heißesten Sommer ist es erstaunlich kühl. Die rostbraune Färbung der Quelleinfassung deutet schon vor dem Trinkgenuss auf den metallischen Geschmack hin. Der Niederstadtfelder Drees, wie der Eifeler Mundartausdruck für einen Sauerbrunnen lautet, sprudelt als natürliche Quelle mit unverändertem Gehalt an Eisen und Kohlensäure an die Oberfläche.

Der Drees ist die perfekte Erfrischung auf jeder Radtour entlang des Kosmoswegs. Lediglich als Camperglück zum Kochen von Tee oder Kaffee eignet er sich leider nicht. Die Niederstadtfelder selbst pilgern mit Flaschen oder Steinkrügen zur Quelle, um sich mit Gratis-Mineralwasser zu versorgen. Und sie beeilen sich mit dem Trinken. Die natürliche Kohlensäure gibt nämlich den sensorischen Gegenpart zum Eisen. Ist sie entwichen, ist das Wasser nicht mehr wirklich genießbar. Doch solange die Gasbläschen perlen, ist der Drees nicht nur gesund, sondern auch lecker. Und beides macht glücklich!

● Drees, an der L 27 von Niederstadtfeld Richtung Schutz

Korallenriffe der Kelten

22 Die Munterley in den Gerolsteiner Dolomiten

Gerolstein ist berühmt für sein Mineralwasser. Doch wer in der Brunnenstadt aus dem Zug steigt – die Bahnlinie Köln-Trier macht hier halt –, dem fällt auf den ersten Blick nichts Nasses, sondern etwas Steiniges auf. Denn Gerolsteins Skyline besteht aus einem waschechten Korallenriff. Vor 400 Millionen Jahren tummelten sich die Ozeanbewohner in einem tropischen Meer und bauten fleißig an den Dolomitfelsen. Lang, lang ist's her, das Wetter ist deutlich umgeschlagen. So wahnsinnig schlecht wurde es jedoch nicht, dass es vor 300.000 Jahren Steinzeitmenschen von der Besiedlung abgehalten hätte. Ihre Werkzeuge hinterließen sie unter anderem auf der Munterley, wie die markanteste Klippe heute heißt, in der ins Gestein eingekerbten Buchenlochhöhle.

Vor 10.000 Jahren wurde es jedoch ungemütlich, denn ein Vulkan brach durch das Riff. Er hinterließ einen Krater, der Papenkaule genannt wird und aussieht, als hätte ein erboster Gigant dem Gestein einen Faustschlag verpasst. Als dann die Kelten kamen, genossen sie schon wieder die eingekehrte Ruhe und einen phänomenalen Ausblick ins Kylltal. Jeder Feind, der sich näherte, konnte rechtzeitig gesehen werden. Offenbar fanden sie die Römer, die später eintrudelten, gar nicht so schrecklich. In trauter Eintracht, sozusagen als Zeugnis gelungener Integration, wurde 124 nach Christus ein gallorömisches Heiligtum auf dem Riffplateau errichtet. Geweiht war es der Göttin Caiva, einer echten Matrone. Der heutige Name Juddekirchhof hat nichts mit Juden zu tun, sondern mit dem Eifeler Ausdruck Jodd für Taufpatin.

Fränkische Stämme, die im 6. Jahrhundert in etwas ungehobelter Manier einfielen, mochten das gar nicht und zerstörten den Tempel. Heute sind nur noch die Fundamente sichtbar. Still ist es hier oben, man hört meist nur den Wind und Rotmilane um die Wette pfeifen. Das einstige Korallenriff treibt wie ein Ozeandampfer auf der Landschaft, die Stadt Gerolstein im Kielwasser wie ein Spielzeugboot.

- Munterley Gerolstein, Zugang über Lindenstraße oder Unter den Dolomiten
- ÖPNV: Bf. Gerolstein

Geschichte mit Natur heilen

23 Die ehemalige Ordensburg Vogelsang

Hoch über der Urfttalsperre liegt sie da, in den Berghang geschlagen: die ehemalige NS-Ordensburg Vogelsang. Die wuchtige Architektur und die Betonpisten aus Panzerplatten verraten, wes Geistes Kind sie war, denn hier wurde der Nachwuchs für die NSDAP-Führungskader gedrillt. Mit rund 50.000 Quadratmetern ist Vogelsang die zweitgrößte bauliche Hinterlassenschaft der Nazis. So ganz kann der Ort die Beklemmung bis heute nicht abschütteln, auch die spätere militärische Nutzung durch Briten und Belgier verhalf der gigantischen Anlage und dem umgebenden Truppenübungsplatz keineswegs zu ungezwungenem Flair. Ein Glücksort ist das Areal jedoch heute trotzdem, denn seine jüngste Entwicklung zeigt, dass man aus Geschichte lernen kann. Seit 2006 lautet der Name Vogelsang IP, und IP steht für „internationaler Platz", an dem Toleranz zu Hause ist. Seitdem kommen Menschen aus aller Welt.

Eine Dauerausstellung Bestimmung Herrenmensch erinnert an die düstere Zeit der NS-Ordensburg und weist ernste Seiten auf. Doch der nun weltoffene Vogelsang IP beherbergt auch das Zentrum des Nationalparks Eifel, ein Stück Seelenbalsam. Die Erlebnisausstellung zeigt mehrsprachig, barrierefrei und sinnlich, wie groß die Vielfalt der Tier- und Pflanzenwelt im Nationalpark und global ist – und warum wir sie schützen müssen. Wer die 172 Stufen des Vogelsang-Turms erklimmt, hat einen atemberaubenden Weitblick über den Urftsee und die Wälder des Nationalparks, in dem die Natur sich selbst überlassen bleibt und alle ihr geschlagenen Wunden allmählich heilen. Eifelsteig und Wildnistrail verbinden die Ex-Ordensburg mit der Freiheit ringsum. Panoramablicke hat man auch von der Sonnenterrasse der Gastronomie aus: Zu regionalen Köstlichkeiten gibt es die Aussicht über den See oder die geheimnisvolle Dreiborner Hochfläche. Und Kultur wird in einem original aus den 1950er-Jahren erhaltenen Lichtspiel-Haus geboten, im denkmalgeschützten Truppenkino.

TIPP

In einem der ehemaligen Kameradschaftshäuser befindet sich heute ein modernes Gästehaus.

- Vogelsang IP, Vogelsang 70, 53937 Schleiden, Tel. (0 24 44) 915 79-0
  www.vogelsang-ip.de
- ÖPNV: SB 63, 82 Haltestelle Vogelsang IP Forum

Driften, feiern, fachsimpeln

24 Das Wolsfelder Bergrennen

Wolsfeld ist ein typisches Südeifeldorf bei Bitburg, das manch ein verträumtes architektonisches Schätzchen beherbergt. Aber kurz vor Pfingsten tut sich was: Auffällig viele Männer sind auf den winzigen Landstraßen rund um den Ort unterwegs, zu Fuß oder mit dem Fahrrad. Doch nicht das Wanderfieber hat da seine Inkubationszeit, sondern der Motorsport. Denn die Kerle, die jedes Schlagloch und jede Kurve unter die Lupe nehmen, geben wenig später auf derselben Strecke Gummi. Das 1962 gegründete Wolsfelder Bergrennen ist das älteste noch aktive Bergrennen in Deutschland. Über rund 1,6 Kilometer fährt man auf Pisten, die normalerweise nur ziemlich entschleunigt zu bewältigen sind, nun aber mit bis zu 180 Sachen.

Bergrennen, das heißt: Hier geht es nicht dumpf im Rund rund, sondern über abgesperrte Normalwege mit all ihren Tücken und Unebenheiten. Und die sind voller Überraschungen. Es gibt kein Warm-up, kein freies Training. Von Anfang an gilt nur Konzentration hoch drei. Darum also die vorpfingstlichen Spaziergänge: Nur so können die Rennsportler die Strecke auswendig lernen wie ein Gedicht und wissen, wann sie wo wie Gas zu geben oder zu bremsen haben.

Rasante Drifts gibt es hier auf der anspruchsvollen Eifeler Bergstrecke etliche zu bestaunen, so an der berühmt-berüchtigten Bit-Kurve. Echte Stars der Szene sind regelmäßig im Starterfeld, das zwischen 150 und 200 Fahrer umfasst. Und Tausende Zuschauer kommen, um sich ihr ganz spezielles Pfingsterlebnis abzuholen. Anders als bei den meisten Motorsportevents ist in Wolsfeld Nähe zum Publikum die oberste Devise. Das ganze Dorf verwandelt sich in eine Art Fahrerlager und Boxenstopp.

Außerdem: Man ist im Bitburger Gutland, nicht weit von der Bitburger Brauerei. Gefeiert wird beim Wolsfelder Bergrennen also ausgiebig: Viel Rock live zum Abtanzen. Und die Bands der Region können sich echt sehen und vor allem hören lassen!

● Wolsfelder Bergrennen, jährlich zu Pfingsten
www.emsc-bitburg.de

518
Bitburger
WAGNER
FLIESENFACHGESCHÄFT
SANDTLER
SPIESS
TUNING

Das doppelte Lottchen

25

Die Burgen von Manderscheid

Manche können ja nie genug bekommen. Zum Beispiel der Kurort Manderscheid von Burgenromantik. Gleich zwei Ruinen zwängen sich ins Liesertal und können vom Manderscheider Ortsrand aus in ihrer trauten Zweisamkeit bestaunt werden. Obwohl Zwietracht der wohl angemessenere Ausdruck ist. Denn was heute wirkt wie aneinandergekuschelt, war im Mittelalter ein waschechter Konfliktherd. Das Kurfürstentum Trier und das Herzogtum Luxemburg belauerten sich, nur getrennt durch das kleine Flüsschen Lieser und eine Turnierwiese fürs Gemetzel. Die Oberburg gehörte den Trierern, die Niederburg zur luxemburgischen Abtei Echternach. Zerstört wurden sie beide von den Franzosen gleichermaßen. C'est la vie.

Heute ist die Lage eindeutig romantischer. Auf der Niederburg kann man sogar heiraten, vermutlich ganz ohne Hintergedanken an spätere Fehden. Die werden allerdings jedes Jahr Ende August noch immer ausgetragen, und zwar mit Lust und Wonne beim Burgenfest. Da haut es auf der zum authentischen Zweck wiedererwachten Turnierwiese manchen edlen Ritter vom Ross. Das Spektakel lockt mit Minnesang, Gauklerspielen, Mittelaltermarkt, deftigen Leckereien und einem wunderbaren Höhenfeuerwerk zahlreiche Gäste an.

TIPP
Im Café der Niederburg backt das Burgfräulein persönlich.

Ansonsten liegen die Burgen friedlich da. Die Turnierwiese eignet sich zum Picknicken, eine passende Grillhütte steht schon da. Wer den steilen Pfad zur frei zugänglichen Oberburg erklimmt, wird übrigens an vielen Stellen im Sommer mit einem atemberaubenden Duft nach Walderdbeeren belohnt. Hungrig muss niemand bleiben: Im Hof der Niederburg gibt es ein winziges Café, gegenüber beiden Burgen noch ein großes, liebevoll und stilgerecht restauriertes in einer historischen Pferdewechselstation. Für Gruppen werden Führungen durch die wuchtige Niederburg-Ruine angeboten, spezielle Nachtführungen sorgen für einen Hauch Gänsehaut.

● Manderscheider Burgen, Niedermanderscheider Straße, 54531 Manderscheid
www.niederburg-manderscheid.de, www.burgenfest.info

Scherben bringen Glück

26

Keramik aus Köttelbach

Nichts von der Stange, nichts aus der Masse … Das findet man in einem Vorort von Kelberg, nicht weit vom Nürburgring. Köttelbach heißt das unscheinbare Örtchen, und der Name an sich verheißt nichts wirklich Angenehmes. Wie man sich irren kann! Zwei Menschen mit geschickten Händen sind aus der Metropole geflohen und machen seit den Achtzigern hier in ländlicher Ruhe Schönes für Tisch, Wohnzimmer oder Garten.

Man erkennt das kleine Anwesen im Dorf sofort: Zwischen Blumen und blühenden Stauden oder auch im gepflasterten Innenhof ragen bunte Skulpturen empor. Sie fügen sich in ihren Platz ein, als wären sie dort natürlich gewachsen und dennoch ein Gruß aus einer ganz anderen Fantasiewelt. Rainer und Christine Serocka töpfern für ihr Leben gern und sind darin Meister. Ihre Keramiken sind unverwechselbar mit ihren samtig-leuchtenden Glasuren und den eher filigranen Formen, die nichts von der Wuchtigkeit rustikalen Steinguts haben. Vasen, Schalen, Geschirr oder auch Dekoratives für draußen sind eher zarte Kunst als Handwerk. Die Serockas zeigen in Kursen, wie das geht, und man darf ihnen in ihrer Werkstatt über die Schulter schauen. Wenn hier von Scherben die Rede ist, dann ist nichts Zerbrochenes gemeint, sondern ganz fachlich und im Gegenteil das, was Keramiker unter dem Gemisch von Mineralien verstehen. Ohne Scherben kein Töpferglück. Einmal pro Jahr, Anfang August, wird nicht nur Köttelbach, sondern das Städtchen Kelberg zum Mekka für Liebhaber feiner handgemachter Dinge. Der Kunsthandwerkermarkt ist tatsächlich einer, bietet keinen Trash und versammelt ganz verschiedene Gewerke und Sparten, vom Korbflechter bis zum Buchbinder. Liebevoll genähte Stoffpuppen oder Schmuck-Unikate sind hier ebenso zu haben wie edelste Tischlermöbel aus samtigen Hölzern, die dank ökologischer Lasuren einen einzigartigen Duft aufweisen. Etwas Bargeld sollte man für einen Marktbesuch also mitnehmen. Und sei es nur, um Schwenkbraten oder selbst gemachte Bonbons zu kaufen.

● Töpferei Serocka, Zum Hochkelberg 34, 53539 Kelberg, Tel. (0 26 92) 88 65
www.toepferei-serocka.de

Die Magie des Hinkelsteins

27 Das Frabillenkreuz auf dem Ferschweiler Plateau

Glücksorte in der Eifel sind immer auch Kraftorte. Wie das Ferschweiler Plateau, eine bewaldete Hochebene aus Sandstein, die wie ein Schiff auf dem grünen Wiesenmeer der Südeifel treibt. An den Rändern, in den senkrecht aufragenden Felswänden, ist sichtbar, wie das Wasser den Stein formte. Rillen, Waben und bizarre Löcher lassen den 190 Millionen Jahre alten einstigen Meeresboden aussehen wie ein Stück Butter, dem mit einem gezackten Steakmesser zu Leibe gerückt wurde. Das weiche Wasser war stärker als der harte Stein.

Was die Bevölkerung sich offenbar zum Vorbild nahm. Der angelsächsische Missionar Willibrord, der Ende des 7. und Anfang des 8. Jahrhunderts von Friesland kommend Eifel und Ardennen christianisierte, war jedenfalls dickköpfiger als die keltischen Druiden, die bis dahin in der Gegend ihr Glaubensgeschäft betrieben. Willibrord meißelte – angeblich eigenhändig – einen 4,5 Meter hohen Menhir der 5000 Jahre alten Megalithkultur zu einem christlichen Kreuz mit zwei kleinen Nischen um, vielleicht um Devotionalien dort abzustellen. Dem wackeren Briten gelang es jedoch nur, das oberste Stück des Hinkelsteins per Kaltverformung zu bearbeiten. Herausgekommen ist – versteckt am Wegesrand stehend – ein mittlerweile etwas geschrumpfter Koloss mit Schlumpf-Figur: unten dick, oben dünner.

Der Magie tut das jedoch keinen Abbruch. Die Einheimischen nennen den Menhir Frabillenkreuz, vermutlich benannt nach der orakelhaften Sybille als weissagender Frau. Es wird gemunkelt, man dürfe sich beim Berühren des bemoosten Kreuzes etwas wünschen. Wunschlos glücklich ist man jedenfalls, wenn man einfach auf märchenhaft schönen Wanderrouten das Ferschweiler Plateau durchstreift. Es gibt leichte Rundwege oder anspruchsvollere Traumsteige, die über kleine Kletterpartien vom Plateau hinab zur Sauer verbunden sind.

● Frabillenkreuz, über Wanderwege von Ferschweiler oder Bollendorf zu erreichen (GPS 49.87417, 6.37083)

Der Traum von Arkadien

28 Schloss Malberg

Die Landschaft im dicht bewaldeten und gewundenen Kylltal wirkt wie eine herbe Variante von Toskana oder Umbrien. Auf einem Felssporn über dem verträumten Dorf Malberg, nur einen Spaziergang entfernt vom ebenfalls im Dornröschenschlaf liegenden Städtchen Kyllburg, thront ein Schloss, das diesen italienischen Eindruck mit seiner Architektur noch verstärkt. Kein Wunder, denn hier verwirklichte Anfang des 18. Jahrhunderts der venezianische Architekt Matteo Alberti im fürstlichen Auftrag den Traum, aus einer typischen Eifelburg ein südländisches barockes Arkadien zu schaffen. Ein Altes und ein Neues Haus, ein Runder Garten zum Lustwandeln und ein Eiserner Garten mit Blumen, Gemüse und Kräutern ergeben zusammen ein Ensemble aus mediterraner Eleganz und mittelalterlicher Wucht, das schon von Weitem fasziniert. Schloss Malberg scheint über dem Flusstal zu schweben.
Drinnen geht es etwas nüchterner, aber umso spannender für Kulturinteressierte zu. In drei restaurierten Barocksalons mit edlen Wandbespannungen finden Kammer- und Jazzkonzerte statt, aber auch Krimilesungen, Vorträge oder Filmabende. Und es darf auf Schloss Malberg auch in adligem Ambiente geheiratet werden. Standesgemäß mit dem Champagner in der Hand zwischen steinernen Rokokoheroen und Göttern über gepflegten Rasen defilieren: Hier geht das.
Im 21. Jahrhundert ist der Traum von Arkadien jedoch in gewisser Weise unfertig: Nicht alle Räume wurden bereits restauriert, es fehlte Geld. Und so ist das Schloss Malberg zugleich eine Art Praxis-Lehrbuch für Architektur-Interessierte. Besucher können hier die verschiedenen baulichen Zustände sehen, die üblicherweise verborgen bleiben: von verfallenen Sälen über den zweifelhaften Schick der Nachkriegsnutzung als Hotel bis hin zu den jüngsten Rekonstruktionsarbeiten – „work in progress“. In Malberg ist man so selbstbewusst, in Führungen auch dieses Innenleben offenzulegen. Nicht immer nur schön, aber sehr beeindruckend.

● Schloss Malberg, Schlossstraße 45, 54655 Malberg, Tel. (0 65 61) 66-0
www.schloss-malberg.de

Süß und gesund

29 Beim Eifelimker von Neroth

Neroth ist berühmt für sein Mausefallenmuseum und eine Burgruine auf dem Hausvulkan Nerother Kopf. Hier traf sich eine mutige Wanderjugend, die in den 1930er- und 1940er-Jahren dem damaligen Zeitgeist widersprach. Doch für echte Glücksgefühle sorgt ein musikalischer Bio-Imker, der sein Domizil mitten im Dorf hat. Mit 220 Bienenvölkern, die weitab industrieller Landwirtschaft stehen, erzeugt der verschiedene Sorten Honig. Und mit rauer Stimme und Bass ist er Frontman der Õyez Blues Band, die waschechtes grooviges Louisiana-Feeling auf die diversen Eifelbühnen bringt.
Wer Thomas Körsten beim Arbeiten mit seinen Bienenvölkern beobachtet, wundert sich: Er hantiert mit seinen Honiglieferantinnen nicht im Schutzanzug, sondern ganz normal gekleidet. „Ab und zu werde ich auch gestochen“, gibt er zu, „aber meine Bienen sind durch 25 Jahre Selektion alle auf Friedfertigkeit geeicht.“ Körsten vermittelt lebenspraktische Philosophie: Je gelassener und ruhiger man selbst ist, desto weniger wird man als Bedrohung wahrgenommen und desto weniger wird man von den Bienen attackiert. In den Schulen der Eifel klärt er Kinder und Jugendliche über die Bedeutung der Bienen und der Imkerei auf und gibt ihnen Blumensamentütchen mit.
Die kleine Imkerei gegenüber dem Café und Hotel Mausefalle kann man besichtigen und gleich garantiert ökologischen Honig mitnehmen, der in den Eifelwäldern bis hinunter an die Mosel und auf den blühenden Wiesen der Region gesammelt wurde. Auch Honigbonbons, Gelee Royale oder Propolistinktur, ein wirksames natürliches Antibiotikum gegen Entzündungen aller Art, gibt es beim Erzeuger zu kaufen. Mehr als nur nebenbei erfährt der Besucher alles über Honig und darüber, wie man das globale Bienensterben verhindern kann. Thomas Körsten imkerte als Entwicklungshelfer bereits in der Südsee und in der Karibik und lernte dabei einen ganz anderen Blick auf die Welt.

● Imkermeister Thomas Körsten, Heltenbergstraße 2, 54570 Neroth,
Tel. (0 65 91) 77 37 oder 30 63, www.eifelimker.de

Kunst im Nirgendwo

30 Galerie am Pi in Weißenseifen

Man muss schon sehr an Kultur interessiert sein, um den Weg in eine Künstlerkolonie namens Weißenseifen zu finden. Ein Schild unten im Kylltal, ein Schild oben im Wald, das war's. Dazwischen Kilometer um Kilometer bergauf ein immer dichter werdendes Grün, immer schmaler werdende Serpentinen … so etwas nennt man wohl Refugium.
Hierhin haben sich Menschen zurückgezogen, die ganz in Ruhe Kunst machen und Kunst leben wollen. Doch im Sommer wird es voll und laut auf der Waldlichtung, dann wird sie für Wochen zum Mekka für mehr als hundert Laien und Profis, die aus Stein, Holz, Metall oder was auch immer Skulpturen in die Welt setzen. Auch wird gezeichnet, gemalt, musiziert, geschrieben, geredet, gekocht, gefeiert: Dann ist Christiane Hamann am Werk, die hier ein Bildhauer-Symposion leitet.
Auf dem Areal führt ein Pfad durch einen Skulpturengarten. Die meisten Plastiken sind aus rotem Buntsandstein und treten grün bemoost im dämmrigen Licht unter uralten Bäumen manchmal wie wuchtige Gespenster in den Weg. Wie eine Verbeugung vor Stonehenge ragt eine Skulptur hervor, ein Pi, das an das Tor zum Irrationalen und Transzendenten erinnern soll.
Galerie am Pi heißt das hölzerne Haus gleich nebenan, das Christiane Hamann mit ständig wechselnden Ausstellungen und Workshops in allen möglichen Disziplinen der bildenden Kunst und mit Konzerten füllt. Ganz weltabgewandt ist Weißenseifen keinesfalls. Am Wochenende ist ein Café geöffnet, die Künstlerkolonie ist durchaus ausflugstauglich. „Der Hügel, auf dem die Kolonie liegt, war den keltischen Ureinwohnern der Eifel heilig", sagt Christiane Hamann. Die Atmosphäre eines Kultortes ist noch immer zu ahnen. Was auch an dem Feld mit Urnen von Künstlern liegt, die hier seit den 1940er-Jahren lebten und starben. Die meisten waren Anthroposophen. Kein Wunder also, dass in Weißenseifen – fast – nichts rechteckig ist.

● Galerie am Pi, Am Pi 2, 54597 Weißenseifen
www.galerie-am-pi.de, www.symposion-weissenseifen.de

Die Welt bleibt draußen

31 Der Vulkankrater im Arensberg

Von Weitem ahnt niemand das Geheimnis des Vulkans. Eine offene Wiesen- und Heckenlandschaft mit Feldlerchen am Himmel und eine sanfte Hügelkuppe, mehr ist nicht zu sehen. Wer sich nähert, geht durch eine Art Zauberwald mit Eichen, Buchen, Lärchen, Walderdbeeren, und an einer kleinen Kapelle vorbei, die dem heiligen Arnulphus geweiht ist und schon verrät, dass hier irgendetwas besonders ist. Der Heilige ist der Patron zum Wiederfinden verlorener Sachen. Und am Arensberg, nur einen kurzen Spaziergang von Zilsdorf entfernt, findet sich tatsächlich etwas Verborgenes: das Innere der Erde.

Durch einen kleinen, modrig-feuchten Tunnel geht es mitten hinein in die einstige Magmakammer eines Vulkans. Der war vor 32 und vor 24 Millionen Jahren aktiv, durchbrach Schichten aus Schiefer, Kalk und Sandstein und türmte einen großen Kegel auf. Im 19. Jahrhundert wurde der Tunnel in den Berg geschlagen, um aus dem zu Basalt erstarrten Magma im Tagebau wertvolle Mühlsteine zu bergen. Der Arensberg verlor seinen Gipfel und gewann seine Einzigartigkeit: Denn nirgendwo sonst kann man mitten in einen erloschenen Vulkan hineingehen.

Drinnen ist ein geschütztes, terrassiertes Biotop entstanden. Man hört nichts außer Vogelgezwitscher, Insektensummen und dem Rauschen des Windes. Die senkrecht aufragenden Wände tragen die Farben der Erdschichten in sich, weißer Kalk, gelber Sandstein, schwarze Vulkanasche: Glück für alle, die ein Gespür haben für das Kunstgenie der Natur. Glück auch für alle, die eine Weile vollkommen eins sein wollen mit so etwas wie Ewigkeit. Im Basaltherz des Arensbergs sind die Jahrmillionen ganz nah, und die Hektik ist ganz fern. Kaum ein Mensch verirrt sich hierhin, denn es weist nur ein einziges unscheinbares Schild auf den Arensberg hin. In ihm fühlt man sich geborgen wie in Abrahams Schoß. Nur dass Abraham in diesem Fall Mutter Erde höchstpersönlich ist.

- Arensberg bei Zilsdorf, Zufahrt über Hauptstraße und Basaltstraße

Wo der Ritter ein Adler ist

32

Der Adler- und Wolfspark Kasselburg

Wer im Kylltal bei Pelm in Vollmondnächten schauriges Wolfsgeheul hört und dazu die Silhouette einer wuchtigen Ritterburg vor dahinrasenden Wolken erblickt, leidet nicht unbedingt unter Albträumen. Sondern er oder sie nähert sich schlicht und ergreifend der Kasselburg mit ihrem fast 40 Meter hohen Wohnturm. In der spektakulären Ruine aus dem 12. Jahrhundert wohnen allerdings keine Burgfräulein mehr. Hier sind Greifvögel, Wildschweine, Damwild und andere bepelzte Lebewesen zu Hause – und das größte Wolfsrudel Westeuropas. Die scheuen Räuber leben hier auf einem zehn Hektar großen Wald- und Felsareal zu Füßen der Burg. Die Wolfsfütterungen und auch die Wolfsnächte, bei denen die Zweibeiner – beäugt von vermutlich neidischen Isegrims – Leckeres vom Grill in der Nähe des Rudels genießen können, locken die Timberwölfe hervor. Sogar begleitete Fotosafaris innerhalb des Geheges sind möglich, ohne Zaun zwischen Mensch und Tier, dafür mit etwas mehr Adrenalin.

TIPP

Flugvorführungen gibt es Dienstag bis Sonntag um 11 und 15 Uhr.

Bei Flugvorführungen kommen die Talente der gefiederten Burgbewohner zum Tragen. Könige der Lüfte mit imposanten Spannweiten gleiten buchstäblich um Haaresbreite über die Köpfe der Zuschauer. Nebenbei erfährt man alles über Lebensraum, Lebensweise und Schutzbedarf der selten gewordenen Jäger und Akrobaten. Die Kasselburg ist auch eine staatliche Auffang- und Pflegestation für verletzte Greifvögel, zudem wird hier Nachwuchs bedrohter Arten wie Roter Milan oder Mönchsgeier gezüchtet.

Mit riesigem Spielplatz, Kinderritterspielen, Weihnachtsmarkt oder anderen Aktionen ist der Adler- und Wolfspark Kasselburg ein sehr familienfreundliches Ausflugsziel. Auf dem weitläufigen Areal kommt man auch mit dem Kinderwagen passabel voran und kann den staunenden Kleinen beim Spaziergang eine bleibende Tierliebe nahebringen. Und nebenbei beweisen, dass Wölfe nicht böse sind, sondern allen Rotkäppchen eher aus dem Weg gehen.

● Adler- und Wolfspark Kasselburg, Gerolsteiner Straße, 54570 Pelm, Tel. (0 65 91) 42 13, www.adler-wolfspark.de

Mulsum, Moretum, Mosaik

33 Die Villa Otrang in Fließem

Dieser Landsitz hatte es in sich: Die Villa Otrang in den sanften Hügeln des Bitburger Gutlandes muss ein Ort mit Prunk und Protz gewesen sein. Angesichts der Reste von prachtvollen Mosaiken, Thermen und Bädern mit ausgeklügeltem Fußbodenheizsystem sagt sich auch mancher moderne Hausherr, dass er solchen Luxus selbst gern hätte – wie die „ollen" Römer. Denn bis ins 3. Jahrhundert hinein ließen es sich hier im milden Klima und auf den fruchtbaren Böden der Südeifel mediterrane Herrschaften gut gehen, Hand in Hand mit den keltischen Einheimischen. Der Landsitz umfasste 66 Räume, alles andere als „sozialer Wohnungsbau", zudem gab es Säulenhalle, Tempel, Gräberfeld und Wirtschaftsgebäude. Erst neidgeplagte fränkische Eroberer machten dem Dolce Vita den Garaus, die Eifeler nahmen Teile der ruinierten Gemäuer als Steinbruch fürs eigene Häuslebauen.

Doch etwas hat überlebt. Drei der prachtvollen Mosaike sind fast komplett erhalten, und schon der Preußenkönig Friedrich Wilhelm IV. ließ erste Schutzmaßnahmen errichten. Heute ist die teils rekonstruierte Villa Otrang eine Station auf der archäologisch-historischen „Straße der Römer", die sich mit vielen antiken Stätten vom Saargau quer durch die Eifel bis nach Köln zieht. Hier genossen die antiken Schlemmer zum Beispiel Mulsum, römischen Gewürzwein, und Moretum, eine römische Käsepaste. Die Gruppe Milites Bedensis aus der nahen Bierstadt Bitburg sorgt bei Römerfesten mit originalgetreuen Rüstungen und Kleidung für Jauchzer bei jedem Lateinlehrer oder Fan von Das Leben des Brian. Und wer die Villa Otrang abseits von Öffnungszeiten und Festen entdeckt, hat auch davon einen Aha-Effekt: Gerade in der Stille offenbart sich der ungestörte Blick über die sattgrünen Hügel der Südeifel, die auch für Touristen etwas zutiefst Heimatliches haben. Klar, dass die Römer den Ort liebten.

● Römische Villa Otrang, Otranger Straße 1, 54636 Fließem
www.villa-otrang.de, www.eifel-direkt.de

Die Kraft der Erosion

34 Naturparkzentrum und Dinosaurierpark Teufelsschlucht

Können Naturkatastrophen beglückend sein? Am Rand des Ferschweiler Plateaus wird sichtbar, wie unermüdlich Mutter Natur als Bildhauerin waltet – bis heute. Im Sommer 2021 spülten tief im Südwesten der Eifel die Fluten der Prüm die mächtigen Felsbrocken der Wasserfälle bei Irrel flussabwärts. Dabei waren sie vor rund 11.000 Jahren, als sich die Eiszeit zurückzog, selbst aus einer Katastrophe entstanden. Die Erosion ließ damals tonnenschwere Trümmer rund 170 Meter tief zu Tal stürzen. Angesichts dieser Dimensionen stellt sich die tröstliche Gewissheit ein, dass unser Heimatplanet weiter seelenruhig seine eigenen Gesetze befolgt.

Einen Waldspaziergang über schmale Pfade entfernt klafft nach wie vor die fast dreißig Meter tiefe Teufelsschlucht. Sie ist der Geburtsort jener Felsbrocken. Der Weg vom Plateau hinab erinnert an das Eintauchen in Mittelerde, und es wäre nicht verkehrt, wenn man klein und schmal wäre wie ein Hobbit. Denn die Felsen rücken eng zusammen, es wird immer kühler und glitschiger. Und mystischer … nichts für von Klaustrophobie Geplagte, aber ein einzigartiges Naturerlebnis für alle, die ein Gespür haben für die Macht von Mutter Erde. Auch Normalgewichtige und Normalgroße passen in die Schlucht. Für den Rest gilt an ein paar Stellen: Bauch und Kopf einziehen!

TIPP

Im Dino-Shop gibt's Plüschdinos, Bücher und Spiele, Shirts und Hüte oder sogar echte Fossilien.

Erklärt wird alles oben im Naturparkzentrum Teufelsschlucht. Der Wissensdurst wird auf verschiedenen Routen Lauschtouren mit dem Smartphone durch das Felsenland Südeifel oder in einer Naturerlebniswerkstatt gestillt, Wow-Effekte garantiert. Der Dinopark Ernzen nebenan beherbergt in seiner Parklandschaft mehr als 170 originalgetreue Rekonstruktionen von ausgestorbenen Kreaturen aus 600 Millionen Jahren. … Gänsehaut und Glücksgefühl für erwachsene wie kindliche Zeitreisende.

● Dinosaurierpark Teufelsschlucht, Ferschweiler Str. 50, 54668 Ernzen, Tel. (0 65 25) 9 33 93 44, www.dinopark-teufelsschlucht.de

Zeitmaschine für Romantiker

35 Der Ardenner Cultur Boulevard in Losheim

Irgendwo im Nirgendwo zwischen Nordrhein-Westfalen und Rheinland-Pfalz, Deutschland und Belgien – an einem endlosen, schnurgeraden Highway über windgepeitschte Höhen bei Losheim – begehren die Menschen auf gegen das Nichts. Ardenner Cultur Boulevard – Entdeckungsreisen durch Kunst und Zeit nennt sich das und sieht auf den ersten Blick aus wie ein in die Jahre gekommenes Konglomerat aus Tankstelle und Schnäppchenshop. Für kindliche Gemüter und Kitschliebhaber, wenn man aufrichtige Romantiker aller Altersklassen denn so nennen will, gibt es außerdem die Lizenz zum Glücklichsein: Ars Krippana, Ars Technica, Ars Figura und Ars Mineralis heißen die verschiedenen Ausstellungen zu Krippen, Modelleisenbahnen, Puppen und Steinen.

Eine gigantische Modelleisenbahn-Anlage mit nostalgischen Zügen und Hightech-Wundern lässt vor allem alte und junge Jungs nicht aus ihren Fängen. Derweil die wohl größte Krippenansammlung Europas nebenan ganzjährig und geschlechterneutral für andächtige Weihnachtsstimmung sorgt. Als ob das nicht genug wäre, gibt es ebenfalls nur ein paar Schritte weiter Spielzeug und Puppen aus dem 19. Jahrhundert, mit Kaufmannsladen, Stübchen und mehr. Und vor allem Frauen tauchen gern ein in die Glitzerwelt der Edelsteine, die einen winzigen Steinwurf … pardon, Katzensprung entfernt ist: Schmuck, Fossilien, heilkräftige Mineralien, Buddhastatuen in allen Ausführungen und Marienfigürchen – alles religionsübergreifend in trauter Eintracht und in Hülle und Fülle.

Wer weniger nostalgisches oder spirituelles, sondern ganz diesseitiges Glück will, ist zehn Meter weiter auf der anderen Straßenseite im Supermarkt an der richtigen Adresse: Denn kaum ragt ein Zeh nach Belgien hinein, schon sind Tabak und Kaffee billiger. Was zur Folge hat, dass sich hier jeder eindeckt, der solche Genüsse liebt. Und im dazugehörigen Café gibt es Pralinen und Cremetorten, von denen man in Deutschland nur träumen kann.

● Ardenner Cultur Boulevard, Prümer Straße 55, 53940 Losheim,
Tel. (0 65 57) 92 06 30, www.ardenner-cultur-boulevard.net

Luftig-leichter Tanz

36 Schmetterlingsgarten Eifalia in Ahrhütte

Manchmal zeigt einem der Eifelsommer die kalte Schulter. Beglückend ist gerade dann die Flucht in die Tropen – vor allem, wenn sie mitten in der Eifel gelingt. Genauer gesagt in Ahrhütte. Bei konstant 28 bis 30 Grad fühlt man sich im Reich von Ulla Große Meininghaus wohl, ganz gleich, welches Wetter draußen herrscht. Das Wohlbefinden teilen sich ihre menschlichen Besucher mit Hunderten farbenprächtiger „Luftikusse". In einem großen ehemaligen Gewächshaus hat sie sich ihren Lebenstraum erfüllt und einen Schmetterlingsgarten namens Eifalia aufgebaut. Südamerikanische, asiatische, mediterrane oder sehr seltene einheimische Schönheiten flattern umher, assistiert von einigen nicht minder farbenprächtigen Vögeln, bunten Karpfen, quirligen Zwergwachteln, Schildkröten und nicht zuletzt einem würdevoll dreinschauenden Gecko.
Sie alle leben in paradiesischen Zuständen mit leckeren Ananas, Orangen, Bananen, Kiwis oder Mangos frei Haus, mit dem sanften Plätschern eines Wasserlaufs und mit dem wuchernden Grün eines Minidschungels. Auf Sitzbänken kann der Besucher in aller Seelenruhe innehalten und selbst mit diesem Garten Eden eins werden. Das Besondere an Ulla Große Meininghaus' Eifalia ist, dass die Schönheit nicht nur unter dem Glasdach zu Hause ist. Vor der Tür liegt ein kleiner, mit Skulpturen durchsetzter botanischer Garten, der zeigt, mit welchen heimischen Gartengewächsen welche Schmetterlinge angelockt werden können.
Außerdem macht ein großes Insektenhotel vor den Eifalia-Toren auch andere geflügelte Bewohner glücklich, nicht nur die fragilen fliegenden Kunstwerke. Der Schmetterlingsgarten beherbergt übrigens auch Bienenvölker. Imker Manuel Schwabe führt nach Vereinbarung gern auch in die Geheimnisse des Honigmachens ein, inklusive Verkostung versteht sich. Für alle, die noch mehr Süßes mögen, gibt es Kuchen, den man auf einer geschützten Außenterrasse futtern kann. Geht ja nicht, dass nur die Schmetterlinge in ihren fruchtigen Genüssen schwelgen!

● Eifalia Schmetterlingsgarten, Am Hammerwerk 2, 53945 Ahrhütte, Tel. (01 51) 18 73 03 55, www.eifalia-schmetterlingsgarten.de

Die Eifel „all in one“

37 Die Genovevaburg in Mayen

„Dajöh“, sagen die Eifeler, wenn sie sich aufraffen, um etwas zu unternehmen. Wer im gleichnamigen Café am Eingang des Mayener Marktplatzes sitzt und bei Kaffee und Kuchen zur teils quietschegelb verputzten Genovevaburg rüberblickt, der denkt sich vielleicht auch „dajöh!“. Denn nach der Erstürmung des Burgbergs hat man noch viel vor. Die im 13. Jahrhundert erbaute Burg beherbergt nicht nur Open-Air-Theaterfestspiele im Sommer, sondern ein Museum, das quasi einen Rundumschlag des Eifeler Lebens wagt. Handwerk, Kunst, städtisches Leben in der Eifel (so was gibt es wirklich!), Religion, Landschaftsnutzung, Ökosystem, Geologie … Kein für die Region typischer Aspekt wird im Eifelmuseum vergessen. Ein Rosengarten bietet vor und nach dem Stillen des Wissenshungers eine duftende Entspannung.
Vom 34 Meter hohen Goloturm der Burg liegt einem die Osteifel zu Füßen. Eine Kraxelei, die sich lohnt. Benannt wurde der Turm nach einem lüsternen Intriganten, der die sittsame Genoveva von Brabant belästigte und sie, weil sie sich weigerte, beinahe dem Henker ausgeliefert hätte. Aber nicht nur in der Höhe offenbart sich rund um Mayens Wahrzeichen Erlebenswertes. Unter der Burg liegt ein weitläufiges Stollensystem, in dem sich dem Besucher eindrucksvoll erschließt, warum die Eifel buchstäblich steinreich ist. Denn ihr Fundament ist das Rheinische Schiefergebirge. Das Deutsche Schieferbergwerk unter der Genovevaburg zeigt, wie das schwarze Gold der östlichen Eifel und des Mosellandes in einem Devonmeer vor 400 Millionen Jahren entstand und wie Schiefer abgebaut, verarbeitet und gehandelt wurde. Auch eine virtuelle Bergwerksfahrt mit dem Schiefer-Express fasziniert die Besucher. Noch heute ist der Rohstoff wichtig für die Region. Die samtig schimmernden Platten weisen eine einzigartig hohe Qualität auf und schützen unzählige Dächer – zum Beispiel die berühmter Burgen wie der Burg Eltz. Das aktive Bergwerk Katzenberg vor den Toren Mayens ist eine sehenswerte Station der 110 Kilometer langen Moselschieferstraße.

● Genovevaburg, Boemundring 18, 56727 Mayen, Tel. (0 26 51) 49 85 08
www.eifelmuseum.mayen.de, www.burgfestspiele-mayen.de

Glückliche Tiere

38

Auf dem Demeter-Hof Breit in Wittlich

Bei Familie Brandsma in der Moseleifel haben die Tiere Glück. Allen voran etwa zwei Dutzend Milchkühe, die im Sommer zufrieden auf grünen Weiden grasen, Hunderte frei laufende Hühner und ein Haufen munterer Schweine, die viel Platz haben und das fressen, was von der hofeigenen Käserei, den Streuobstwiesen und dem Gemüseanbau an Frischem übrig bleibt. Mit anderen Worten: Hier ist Landwirtschaft noch das, was sie sein sollte. Nämlich eine ökologische Kreislaufwirtschaft mit Rücksicht auf die Bedürfnisse der Tiere, des fruchtbaren Bodens in der sonnigen Wittlicher Senke und nicht zuletzt der Menschen, die gesunde, leckere Lebensmittel kaufen wollen. Und das geht schon mal prima, schließlich wurde der Hofladen 2017 von der Fachzeitschrift Schrot & Korn als bester in ganz Deutschland mit Gold ausgezeichnet.

TIPP

Der Hofladen ist von Dienstag bis Samstag geöffnet.

Sicher hätten die Niederländer Paul und Eugenie Brandsma, die den Hof Breit seit 1990 als ihren Lebenstraum vom Glück auf dem Land bewirtschaften, auch ohne solche Weihen auf ihre Weise gelebt und gearbeitet. Sie sind – ebenso wie Hannah aufm Kampe, die später dazukam – von Herzen Überzeugungstäter, die ihr Wissen über eine Landwirtschaft aus Respekt vor der Natur gern weitergeben. Sie bilden aus und haben ihren Hof auch zum „Lernort Bauernhof" gemacht: Bei Hofführungen können Neugierige jeden Alters aus erster Hand erfahren, dass Milch nicht im Tetrapak vom Himmel fällt.

Die Milch der Kühe wird hier vor Ort sogar vor allem zu Rohmilchkäse veredelt, mit natürlichem Lab und ohne chemische Rindenbehandlung. Meersalz, Kräuter und Gewürze kommen hinzu, alles biologisch-dynamisch versteht sich, und nach bis zu neun Monaten erblickt die Köstlichkeit das Licht der Hofladentheke. Da gibt es außer den eigenen Produkten unter vielem anderem Honig aus dem Liesertal, Brot aus einer Vulkaneifeler Manufaktur und Weine von der nahen Mosel. Und am Ende weiß der beglückte Hofbesucher: Geht doch, das mit dem Frieden mit Mutter Erde!

● Demeter-Hof Breit, Hinter der Breit, 54516 Wittlich, Tel. (0 65 71) 32 48, Hofladen Tel. (0 65 71) 26 46 79 (Do.–Sa.)
www.demeterhofbreit.de

Herzlich Willkommen
aus kontrolliert-biologischem Anbau
Qualität
Erzeugnis/Sorte
Haselnüsse
Ursprung
France
1,15 €
Klasse
100g 1 kg Stück
aus kontrolliert-biologischem Anbau
Qualität
Erzeugnis/Sorte
Mandeln
Ursprung
Spanien
0,78 €
Klasse
100g 1 kg Stück
BioSnacky
ERDNÜSSE

Grenzgänge und Kaiserbetten

39 Das Hohe Venn bei Mützenich

Kann man glücklich sein in einem Dorf, in dem das Gros der männlichen Bevölkerung wegen Schmuggels verurteilt im Kölner Knast saß? Man kann, in Mützenich und um Mützenich herum. Die heute eher verschlafen wirkende Gemeinde direkt an der belgischen Grenze war nach dem Zweiten Weltkrieg als Hochburg der sogenannten Aachener Kaffeefront einen Adrenalinstoß wert. Aufregung genug hatte der Sage nach in der Nähe auch Kaiser Karl der Große, als er sich beim Jagen im Moor verirrte und auf einem merkwürdig geformten Quarzitfelsen nächtigen musste. Kaiser Karls Bettstatt wird der Urgesteinsbrocken mitten im Wald darum genannt. Ebenfalls ein Gerücht ist, dass ein Diener dem Großen eine Schlafmütze überstülpen wollte und der genervte Herrscher mit einem unwirsch genuschelten „Mütze nich!" dem Ort seinen Namen verpasste.

Glücklich sein kann man beim mützenlosen Dorf aus demselben Grund, aus dem der Kaiser unglücklich war: Natur pur in Form des endlosen Hohen Venns, das hier beginnt – oder endet, aus belgischer Sicht. Ganz genau weiß man das nicht, und es ist auch gleichgültig. Hier schleichen keine Kaffeeschmuggler mehr in Lebensgefahr, sondern Spaziergänger in Seelenruhe durchs Dickicht und sind mal auf der einen, mal auf der anderen Länderseite … ein echt grenzenloses Vergnügen. Allerdings sollte man brav auf den ausgeschilderten Eifelsteig-Pfaden bleiben und der Verlockung widerstehen, im morastigen Abseits Heidelbeeren zu pflücken, die hier massenhaft wachsen. Denn sonst kann man tatsächlich verloren gehen.

Buchen mit bizarr verformten Stämmen, die vom ständigen Schneiden als einstige Hecke zeugen, säumen den Hauptweg. Immer wieder wird der Wald von blühenden Lichtungen unterbrochen. Ein kleiner Aussichtsturm gewährt einen Blick über das Venn und die Palsen: eiszeitliche, von schmelzenden Gletscherbrocken hinterlassene, halbkreisförmige Dellen.

● Mützenich mit Hohem Venn und Kaiser Karls Bettstatt
www.muetzenich.net

Wo das Herz Europas schlug

40

Die Basilika St. Salvator in Prüm

Prüm ist eine Kleinstadt in der Schneifel, und wer hier im Winter unterwegs ist, merkt hautnah, dass Schneifel die Abkürzung von Schnee-Eifel ist. Ein kleines Skigebiet vor den Toren der Stadt kündet vom sportlichen Ehrgeiz. Auch sonst kann Prüm durchaus auf beachtliche Leistungen blicken. Nicht von ungefähr nennt es sich Karolingerstadt. Hier gaben sich Kaiser und Könige die Klinke in die Hand, man kennt die Namen aus dem Geschichtsunterricht. Die fränkische Adlige Bertrada, die Großmutter Karls des Großen, dessen Riesenreich als frühmittelalterlicher Vorläufer der EU gelten kann, stammte aus der Gegend und gründete am Flüsschen Prüm im Jahr 721 ein Kloster. Einmal ist keinmal, dachte sich 752 König Pippin und legte mit einer Benediktinerabtei nach. 855 starb hier Kaiser Lothar I., der Urvater von Lothringen. Und Kaiser Heinrich II. verlieh 1016 der zur Stadt gewachsenen Siedlung das Münzrecht. Kurzum: Prüm war eine Zeit lang der Nabel der westeuropäischen Welt.

Der Ruhm verblasste, nicht jedoch das Selbstbewusstsein. Es ist bis heute ausgeprägt. Stolz sind die Prümer vor allem auf ihre zur einstigen Abtei gehörenden St.-Salvator-Basilika, die sich in schickem Altrosa und mit barocker Pracht über den zentralen Hahnplatz erhebt. Im Innern vermitteln der mit viel Gold gefasste Hochaltar und das reich verzierte Chorgestühl etwas von der Würde vergangener Zeiten. In einem Schrein wird eine der wichtigsten christlichen Reliquien aufbewahrt: die Sandalen Christi.

Aus dem Klostertrakt ist unterdessen ein Gymnasium geworden, das einmal im Jahr eine ganz besondere Kunstausstellung beherbergt: die EVBK. Das Kürzel steht für Europäische Vereinigung Bildender Künstler. Die Schulflure werden dann in den Sommerferien zur Galerie und zeigen Gemälde, Grafiken, Fotografien, Skulpturen und Installationen von Künstlerinnen und Künstlern, die zumeist noch nicht auf dem großen internationalen Markt arriviert sind, jedoch gute Chancen haben, dort zu landen. Und so beginnt in Prüm immer wieder eine beglückende Künstlerlaufbahn.

● Basilika St. Salvator, Hahnplatz 17, 54595 Prüm
www.basilika-pruem.de, www.evbk.org

Im Paradies wächst was

41 Annas Eifelgarten in Kelberg-Rothenbach

Wie passen Afrika, die Hocheifel und Kaiserslautern zusammen? Indem sie Lebensumfeld und Inspirationsquelle für ein junges Handwerkerpaar namens Alexandra Malzer und Max Näckel sind. Der Eifeler Max lernte die Südwestpfälzerin Alexandra in Ruanda bei einem Entwicklungshilfeprojekt „Geselle trifft Gazelle" kennen und lieben. Beide zogen zuerst nach Kaiserslautern und erlebten dann auf dem eigenen Balkon eine äußerst wuchsfreudige Tomatenstaude. Der „grüne Daumen" war entdeckt. Und irgendwann stand im Eifeldorf Rothenbach das historische Fachwerkbauernhaus von Max' Großmutter Anna Müller leer, dazu gehörte ein schon leicht verwilderter Nutzgarten mit Beeten, Stauden und uralten Obstbäumen. Sogar ein eigener Brunnen wurde gefunden. Die Sehnsucht wuchs … Wie wäre ein Leben ohne städtischen Stress, dafür in frischer Luft und ländlicher Gelassenheit? Ein perfektes Glück wäre das! Schritt für Schritt verwirklichten sie ihren Lebenstraum und arbeiten weiter daran: ein kleines Paradies mit ökologisch angebauten Kräutern, Blumen und Gemüse aller Art. Fachliche Unterstützung für die Quereinsteiger ist mit Gärtnermeisterin Julia Moll an Bord. In der ehemaligen Scheune ist ein uriger Hofladen eingerichtet, der mittwochs und samstags geöffnet ist. Da gibt es nicht nur die gesunden Köstlichkeiten aus dem Garten, in den man durch ein großes Tor blicken kann, oder selbst gezogene Jungpflanzen. Wein von Mosel und Ahr, Eier oder Brot und Brötchen ergeben ein wachsendes Sortiment. Zum echten Dorfleben gehört es, andere teilhaben zu lassen, wenn es einem gut geht. Das ist bei Alexandra und Max nicht anders. Ihre Besucher können bei der Belebung von „Annas Eifelgarten" über die Schulter schauen, mit ihnen fachsimpeln, Rezepte, Lagerungstipps und Erfahrungen austauschen. Dabei gemütlich draußen sitzen, klönen, einen Wein oder ein Eifeler Helles trinken, den Blick über gedeihendes Gemüse und bunte Blumenpracht schweifen lassen. So geht Landleben auf die glückliche Tour!

TIPP

Rezepte für leckere Gerichte gibt es auf der Homepage von „Annas Eifelgarten".

● Annas Eifelgarten, Talstraße 4, 53539 Kelberg, Tel. (01 51) 53 11 67 17
www.annas-eifelgarten.de

Zuchini
´Sunburst`

Auf dem Kraterrand

42 Der Windsborn im Mosenberg

Die Eifel ist bekanntlich voller Vulkane – und voller Wasser. Und so liegt die Vermutung nahe, dass die Maare die Nachfahren der Löcher sind, die bei klassischen Feuerbergen wie dem Ätna so wunderschön rot auf dem Gipfel glühen. Doch weit gefehlt. Es gibt von dieser Sorte echter, mit Regenwasser gefüllter Kraterseen in der Eifel nur einen einzigen nördlich der Alpen: den Windsborn. Er versteckt sich in einem Vulkanmassiv, dem Mosenberg, der aus der Nähe betrachtet ein typischer bewaldeter Eifelhügel ist. Von Weitem sieht man, dass er mehr Charakter hat. Sein vor 80.000 Jahren garantiert fulminanter Schlackenkegel thront, wenngleich von der Erosion natürlich zurechtgestutzt, wie ein geheimnisvoller dunkler Fremdkörper über der Landschaft.

Von einem steilen Ringwall aus Lava geschützt träumt auf dem Gipfel der Windsborn. Seltene Pflanzen wie weiß blühender Fieberklee, Torfmoose und Sumpfblutauge oder nicht minder seltene Libellen fühlen sich im und am flachen Gewässer wohl. Dass der eigentliche Kraterboden 30 Meter tiefer liegt, ahnt man nicht, wenn man am Ufer steht: Der Windsborn verlandet allmählich und wird dadurch zu einem einzigartigen Biotop. Es liegt verträumt da, schützenswert und zart wie ein Gemälde von Monet. Vor allem im Herbst, wenn sich Nebelschleier über das Wasser legen und an manchen Stellen doch die Sonne hindurchlassen, bekommt der Windsborn einen fast mystischen Zauber, zu dem der würzige Duft des Laubes passt.

In jedem Fall sollte man den kurzen, steilen Anstieg zum Gipfelkreuz erklimmen. So etwas gibt es wirklich auf dem Mosenberg! Zwar bewegt der Wanderer sich noch immer nur auf einer „schlappen" Mittelgebirgshöhe von rund 500 Metern, aber weit und breit verstellt nichts die Sicht. Etwas unterhalb des Windsborns liegt das Hinkelsmaar im Krater. Es wurde vor 150 Jahren trockengelegt und ist jetzt ein mooriges Rund, in dem man bisweilen Rehe umherspringen sehen kann.

● Windsborn Kratersee, Bettenfeld, Parkplatz am Hinkelsmaar / Kratersee oder Angelersatzgewässer, 20 Minuten Fußweg

Das See-Ungeheuer

43

Der Rursee im Nationalpark Eifel

Es gibt unzählige Seen in der Eifel, natürliche ebenso wie von Menschenhand geschaffene. Die berühmten Maare oder viele kleine Stauseen, die manchmal nicht einmal einen Namen haben, prägen die Landschaft. Der ultimative Eifelsee ist die zweitgrößte deutsche Talsperre überhaupt: der aus drei Teilen bestehende Rursee. Er wurde in den 1930er-Jahren geflutet und ist bis heute etwas, das glücklich macht. Zumindest wenn man reine Luft, grünblau schimmerndes Wasser und dichte Wälder mag. Und an Sommerwochenenden auch den Trubel. Dann trifft sich an den Hotspots wie Schwammenauel oder Einruhr (das schreibt sich wirklich mit h) Hinz und Kunz aus nordrhein-westfälischen Städten. Sie segeln oder paddeln selbst, lassen sich auf einem der vier Ausflugsboote die Sonne auf den Pelz scheinen, erwandern die Ufer, entern die Lokale, schwimmen im Naturfreibad oder fahren ihre Autos und Bikes auf den kurvigen Strecken ringsum spazieren. Kurzum: Es ist eine Art Volksfestvergnügen, oft lecker, manchmal laut, nie langweilig.

Wer am Rursee ein eher stilles Glück in freier Natur sucht und nicht in der Menge baden will, kann dem Trubel jederzeit bequem die kalte Schulter zeigen. Zum einen: Es ist ein wirklich riesiges Gebiet mit unendlich vielen kleinen Buchten und Biegungen, sodass sich immer ein unberührtes Fleckchen See-Natur findet. Mehr als 780 Hektar Wasseroberfläche sind wahrlich Freiraum genug. Zum anderen: Wochentags und zu kühleren Jahreszeiten entfaltet der See seinen besonderen Zauber. Dann macht er seinem Spitznamen Eifel-Amazonas alle Ehre. Wanderrouten wie der Eifelsteig und der Wildnis-Trail entführen in eine Welt, in der man fast an den wohligen Grusel von See-Ungeheuern glaubt. Und im Herbst liegt – neben geheimnisvollen Nebeln – oft ein ganz besonderer Duft über den Ufern, würzig riechend nach Wald und frischem, klarem Wasser.

● Rursee-Touristik, Seeufer 3, 52152 Simmerath-Rurberg, Tel. (0 24 73) 9 37 70, und Franz-Becker-Straße 2, 52152 Simmerath-Einruhr, Tel. (0 24 85) 3 17
www.rursee.de, www.rurseeschifffahrt.de

RURSEE
SCHIFFFAHRT
P
G-552

Süßes trifft Herbes

44 Kuchenglück: die Wacholderhütte in Langscheid

Da prallen Welten aufeinander in den Höhenzügen über dem kleinen Dorf Langscheid: Karibik und Eifelwacholder, Einsamkeit und Motorsportspektakel. Eine urige, wie von Wald Disney erfundene Almhütte aus dunklem Holz liegt inmitten einer windumtosten Heidelandschaft. Wacholderhütte heißt sie nicht von ungefähr. Es würde nicht wundern, wenn Zwerge umherwuselten oder Feen durch die Lüfte glitten. Den Blick in die freie Natur stört keine Zivilisation, und es duftet nach den namensgebenden würzigen Zypressengewächsen. Und doch ist die Nordschleife des Nürburgrings mit dem Rummel der Motorsportbegeisterten nicht weit. Hier haben sich Ayla und Kira Kowalinski ihren Traum vom Lebensglück erfüllt … eine überaus erstaunliche Entscheidung. Die eine traf sie nach einer Hotelmanagementkarriere mit Stationen im Londoner Ritz und in der Karibik, die andere als Konditorin in einem renommierten deutschen Seehotel. Und nun also eine rustikale Hütte irgendwo im Nirgendwo der Hocheifel, allerdings am „Traumpfad Wacholderweg“ gelegen. So wird das lukullisch-kreative Refugium der Kowalinski-Schwestern zum Zufluchtsort für Wanderer, die sich inmitten der herben Landschaftsschönheit nach Geborgenheit, Wärme und Süße sehnen. Das Interieur ist mit Kachelofen und hölzernen Wänden überaus heimelig, und in der warmen oder gar heißen Jahreszeit gewinnt das Wort „Sommerfrische“ auf der Sonnenterrasse an Profil. Angesichts von Tiramisu- oder Eierlikörtorte und Klassikern wie Frankfurter Kranz gerät man leicht in einen Zwiespalt: Was macht glücklicher, wandern oder schlemmen? Ein beseelender Kompromiss sind die etwas mehr als 3 Kilometer auf dem „Traumpfädchen Langscheider Wacholderblick“: Beides ist ein Vergnügen, die sanften 60 Höhenmeter sind nämlich auch mit vollem Bauch und verwöhntem Gaumen gut zu schaffen. Unterwegs wartet ein hölzernes Waldsofa auf alle, die innehalten und beim Verdauen auf die scheinbar endlose Kette der Eifeler Vulkankegel schauen wollen.

TIPP
Es gibt Picknickboxen für unterwegs, entweder vegetarisch oder mit Salami und mit Ahrwein.

● Wacholderhütte, Neuer Weg 16, 56729 Langscheid, Tel. (0 26 55) 15 77
www.wacholderhuette.de

900 Jahre spirituelles Leben

45 Die Abtei Himmerod bei Großlittgen

Seit 2017 ist die Zisterzienserabtei Himmerod ohne Konvent: Kein Abt bestimmt mönchisches Leben, aber immer noch ist hier ein Ort des persönlichen Glücks für jedermann und jedefrau. Denn anders als etliche andere Klöster ist die vom Ordensgründer Bernard von Clairvaux höchstpersönlich nach den Regeln des heiligen Benedikt ins Leben gerufene Abtei ein Ort der meditativen Stille geblieben. Die Lage im abgelegenen Salmtal ist schon mal ideal: Nur eine halbe Handvoll Schilder weist auf das Kloster Himmerod hin. Der nächstgelegene Ort, das winzige Eisenschmitt mit engen Gassen, erlangte im Jahr 1900 durch den Roman Das Weiberdorf von Clara Viebig eine gewisse Berühmtheit.

Die barocke Zisterzienserarchitektur des zwischenzeitlich säkularisierten Klosters wurde originalgetreu Anfang des 20. Jahrhunderts wieder aufgebaut. Sie schmiegt sich ins satte Grün des Tals, unübersehbar und doch in perfekter Harmonie. Die ganze Anlage atmet auch für Agnostiker und Atheisten etwas zutiefst Beruhigendes, Tröstliches. Rasen, uralte Bäume, ein paar Parkbänke zum Ausruhen, mehr braucht es hier nicht, um zu entschleunigen. Obwohl die Besucher auf unaufdringliche Weise mehr erwartet: In einer mittelalterlichen Mühle, dem ältesten Gebäude des Kloster-Ensembles, ist eine ansehnliche Emaille-Ausstellung untergebracht. Es gibt zwei Cafés und eine Gaststätte, in der regionale Spezialitäten auf den Tisch kommen, einen Laden mit Büchern und religiösen Geschenken. Aus der eigenen Fischzucht stammende Forellen wandern über die Ladentheke eines kleinen Fischgeschäfts, eher provisorisch als prachtvoll kommt die Klostergärtnerei daher. Die Kirche selbst ist schlicht und besticht vor allem durch ihre Klais-Orgel, auf der auch international renommierte Organisten im Sommer Konzerte geben. Der Themenweg „Schöpfung bewahren“ rund um das Kloster passt für Wanderer zur Stimmung der Abtei: Alles ist auf wohltuende Art altmodisch.

TIPP

Täglich von 8 bis 17 Uhr gibt es frischen Fisch.

● Abtei Himmerod, Abteistraße 3, 54534 Großlittgen, Tel. (0 65 75) 95 13-0
www.abteihimmerod.de

Ein Städtchen in Rot

46 Burg und Ort Nideggen

So muss sich Rapunzel gefühlt haben: Oben auf einem Burgturm stehen und tief, wirklich sehr tief hinunterschauen. Das mit dem Zopf klappt bei den modernen Frisuren zumeist nicht mehr, der Rest kommt hin auf der Burg Nideggen. Die steht auf einem Felssporn über dem Rurtal, unten am Ufer liegt spielzeugklein ein Campingplatz, überall sonst wuchert die entstehende Wildnis des noch jungen Nationalparks Eifel. Das Grün kontrastiert reizvoll mit dem Rot der wuchtigen Buntsandsteinquader, aus denen die Burg errichtet wurde – dem heimischen Material, das man an Rur und Urft überall findet.

Im 12. Jahrhundert liegen die Ursprünge der roten Festung. Garantiert nicht glücklich waren hier unter anderem ein bayrischer Herzog und zwei kölsche Erzbischöfe, die statt gemütlichem Klüngel harte Haft erlitten. Der Geldrische Erbfolgekrieg im 16. Jahrhundert, ein waschechtes Erdbeben im Jahr 1878 und der Zweite Weltkrieg setzten der Burg mehr als nur ein bisschen zu. Doch seit den 1950er-Jahren wurde die Ruine in großen Teilen wieder aufgebaut – mit der gehörigen Portion Romantik und einer Zeitreise im liebevoll aufbereiteten Burgen-Erlebnismuseum, versteht sich. Heute ist Burg Nideggen nicht nur Traumkulisse für glückliche Hochzeitspaare, sondern auch für Konzerte aller Art. Da gibt es schon mal ein Beat-Revival, während nebenan die Ritterrüstungen scheppern. Der Mittelalter-Imbiss im Verlies, den man schlemmen kann, dürfte den heutigen Gästen deutlich besser munden als den früheren Kerkerinsassen.

Über holpriges Kopfsteinpflaster gelangt man ins Städtchen, das genauso hold errötet wie die Burg. Bewacht wird es von mächtigen Toren, den Überbleibseln der Stadtmauer. In ihrem Schutz lebt es sich gemütlich auf der Hauptgasse: ein paar Läden, Restaurants und Eiscafés – unaufgeregtes Bürger- und Ausflugsglück für einen netten Sommertag. Nideggen begegnet einem mit unerschütterlicher rheinischer Zufriedenheit, nicht mit Rummel. Wie schön!

● Burg Nideggen, Burgenmuseum Nideggen, 52385 Nideggen, Tel. (0 24 27) 63 40
www.kreis-dueren.de/burgenmuseum

Die mit dem Wald sprechen

47 Die Waldakademie Hümmel bei Adenau

Manche, vornehmlich traditionell arbeitende Forstleute, halten Peter Wohlleben für einen realitätsfernen Romantiker. Die meisten jedoch haben dank seiner Bücher wie Das geheime Leben der Bäume echte Aha-Effekte und verstehen besser, was einen belebten Wald von einer Holzplantage, Forst genannt, unterscheidet. Die Bücher sind Bestseller und erreichen ein Millionenpublikum. Naturliebhaber hören jeden Samstagmorgen auf SWR1, wie er über alles spricht, was da kreucht, fleucht und wächst – oder eben nicht. Doch ein ganzer Wald passt nicht zwischen Buchdeckel und nicht ins Radio. Und darum gibt es seit Kurzem die Waldakademie Hümmel, die Peter Wohlleben mit zwei Mitstreiterinnen gegründet hat. Hier kann man bei Exkursionen und geführten Wanderungen durch das mittlerweile berühmt gewordene Revier Wershofen-Hümmel oder bei Kamingesprächen mit dem Autor viel authentischer als daheim auf dem Sofa erfahren, wie der Lebensraum Wald im Wandel der Jahreszeiten „tickt". Und auch, wie er geschützt werden kann, ohne dass er für uns Menschen tabu wird.

Das macht glücklich. Der Wald wirkt erwiesenermaßen überaus heilsam auf die Seele, und dass Bewegung an frischer Waldluft ein Lebenselixier ist, dürfte selbst bei der hartgesottensten „couch potatoe" angekommen sein. Man braucht dafür nicht viel mehr als Neugier, wetterfeste Kleidung und natürlich ein paar Euros für die Teilnahme. Die Akademie kommt ohne Fördermittel aus, sie will unabhängig bleiben und unterstützt Forschungsprojekte oder den „first nations"-Stamm der Kwiakah auf Vancouver Island, der im und mit Wald lebt. Auch den Eifel-„Urwald" kann man für kleines Geld schützen: Die Waldakademie hat einen 200 Jahre alten Buchenwald gepachtet als Kompensation für den Nutzungsverzicht. Für vier Euro darf ein Quadratmeter Wald 50 Jahre lang sein natürliches Leben haben, ohne dass die Baumriesen gefällt werden.

● Waldakademie Hümmel, Veranstaltungen im Dorfgemeinschaftshaus Wershofen, Nordstraße 17 a, 53520 Wershofen, Tel. (0 26 94) 2 92 99 97
www.waldakademie-huemmel.de, www.peter-wohlleben.de

Heilkraft aus der Erde

48 Die Vulkaneifel Therme in Bad Bertrich

Sich in 32 Grad naturwarmem, leicht salzigem Wasser dahintreiben lassen, sich massieren lassen, saunieren, allen Schmutz und Stress des Alltags einfach loslassen, ausschwitzen, abwaschen… In der Vulkaneifel Therme von Bad Bertrich werden solche elementaren Glücksgefühle Wirklichkeit. Und zwar auf eine Weise, die in ganz Deutschland einzigartig ist, denn nur hier sprudelt eine echte Glaubersalzthermalquelle – fast – an die Oberfläche. Der Ursprungsort des Wohlfühlwassers liegt in schon von Römern vor 2000 Jahren gebauten Katakomben unter dem kleinen Kurpark des Ortes. Oberirdisch gelangt das mineralische Geschenk der Eifelvulkane in ein großzügiges und helles Wellness-Paradies, in dem vor allem im Winter das Außenbecken ein Ort ist, aus dem man nicht mehr fortwill: knackig kalte Frischluft in den Lungen und die Haut gestreichelt von weichem, ungechlortem, im Frost dampfendem Wasser.

Wer Seele, Körper und Geist nicht in der nassen Variante ausbalancieren will, macht einen kleinen Spaziergang durch den nostalgisch-charmanten Kurort, bis er im Römerkessel in einen Landschaftstherapeutischen Park kommt. Es ist kein x-beliebiger Park, sondern am Ufer eines kleinen Baches entstanden mit psychotherapeutischem Wissen archetypische Landschaftsszenarien. Wilde Kräuter, blühende Sträucher, stille Nischen oder spirituelle Skulpturen sollen schlicht Freude bereiten… und sie tun es bei jedem, der sich darauf einlässt.

Am Ende eines Wohlfühltages in Bad Bertrich kann mit entsprechendem Portemonnaie ein lukullisches Finale im Restaurant des Fünf-Sterne-Hotels Fürstenhof stehen. Es heißt, Geld mache nicht glücklich, ein bisschen glücklicher macht es hier allerdings schon. Wer dank Glaubersalz und Landschaftstherapie auch ohne Gourmetgenuss beseelt genug ist, findet Alternativen. Zum Beispiel in der rustikalen Elfenmühle, ganz nah an der Elfengrotte, einer bizarren Basaltformation.

- Vulkaneifel Therme, Clara-Viebig-Straße 3–7, 56864 Bad Bertrich, Tel. (0 26 74) 91 30 70, www.vulkaneifel-therme.de
- ÖPNV: Bus 727 Haltestelle Bad Bertrich Kurzentrum

Das Dorf mit Ausblick

49 Der keltische Ringwall in Steineberg

Für viele Menschen aus aller Welt ist ein ganz normales Eifeldorf zugleich ein Glücksort: Steineberg hat ein Jugendzentrum, das viele Jahre als internationales Begegnungszentrum für Kinder und Jugendliche diente. In letzter Zeit ist es vor allem die erste Vulkaneifeler Adresse für Flüchtlinge, die in Deutschland Asyl suchen, darauf warten, eine Wohnung zugeteilt zu bekommen und ein neues, glücklicheres Leben beginnen zu können. Perspektiven bot das auf 530 Metern Höhe liegende und weithin sichtbare Dorf schon immer. Denn als ob es nicht schon Weitblick genug gäbe, wurde auf dem Gipfel der Steineberger Ley, wie der 35 Millionen Jahre alte Hausvulkan heißt, ein fast 30 Meter hoher hölzerner Turm errichtet: die Vulcano-Plattform. Von hier aus herrscht rundum ungestörte Weitsicht in alle Richtungen, über das Moseltal bis zum Hunsrück oder auch bis zum Nürburgring.

Zu Füßen des Bauwerks fallen im Wald unzählige bemooste Steine auf, die wie von Mutter Natur dahingeworfen wirken. Im Gegenlicht tief stehender Sonne, die durch die Bäume strahlt, wirken sie wie riesige Smaragde. Klar, der Basalt gehört zum Vulkan. Doch hier haben Menschen nachgeholfen. Auf mehr als zwei Hektar gab es etwa 500 bis 100 vor Christus auf dem Berggipfel eine keltische Burgsiedlung. Kelten siedelten vorzugsweise dort, wo sie weit in die Landschaft blicken konnten und so vor bösen Überraschungen sicher waren. Die grün überwucherten Basaltbrocken sind zum Teil Reste des trocken gemauerten Ringwalls, mit dem ihr Dorf geschützt wurde. Etwa 90 frühkeltische Hünengräber wurden im 19. Jahrhundert gefunden, welche die einstige Bedeutung des Orts belegen. Aber der Forscherdrang währte nicht lange, weitere archäologische Ausgrabungen fanden nicht statt. So hat die Steineberger Ley ihre Geheimnisse bis heute bewahrt … Selbst graben sollte ein Spaziergänger jedoch nicht – wie überall im geschützten UNESCO Natur- und Geopark Vulkaneifel – hier auf der Ley aus Rücksicht auf das keltische Erbe.

● Vulcano Plattform, Steineberg, von der Dorfmitte aus zu Fuß oder per Pkw erreichbar
www.vulcanoplattform.de

Die Stille nach der Explosion

50

Abtei und See Maria Laach

Vor rund 13.000 Jahren verdunkelte die Wolke einer gewaltigen Explosion den Himmel über der Osteifel: die Geburtsstunde des größten rheinland-pfälzischen Sees. Riesige Mengen Bims wurden herausgeschleudert, der Rhein reagierte mit einer Flutwelle bis in die Niederlande. Die entstandene Caldera wurde mit Grundwasser geflutet. Gegen den Laacher Ausbruch waren Pinatubo und Mount St. Helens schwache Eruptionen. Heute ist der Laacher See auf den ersten Blick ein friedliches, kreisrundes Gewässer. Nur wer genau hinschaut, weiß: Die Ruhe trügt. Der Vulkan tief unten atmet im Schlaf und sendet Gasbläschen an die See-Oberfläche.

Es ist also vermutlich nur eine Frage der Zeit, wann Mutter Erde ihren Bewohnern wieder einen feurigen Gruß schickt. Ein Grund mehr, der Benediktinerabtei Maria Laach mit ihrer romanischen Basilika und dem See einen Besuch abzustatten. Sorge vor einem allzu baldigen Ausbruch muss man jedoch nicht haben, versichern die Geologen. Entschleunigung ist hier sowieso das Thema, allen touristischen Umtrieben zum Trotz. An den Seeufern oder auf dem Wasser verteilen sich die Wanderer und Wassersportler im riesigen Rund. In der Kirche der Abtei geht es still zu, Exerzitien und Besinnungstage machen das meditativ getaktete Klosterleben für Gäste erlebbar.

TIPP

Die Porzellanlasur Laacher Blau ist eine Hommage an See und Kloster.

In der Klostergärtnerei, in der Kunsthandlung oder unten am Ufer im Hofladen geht es deutlich reger zu. Schließlich möchte jeder Besucher die gesündeste Pflanzenrarität, das schönste Stück Keramik und Silberschmuck oder das leckerste Biosteak vom Laacher-See-Rind ergattern. Kaffee und Kuchen auf der Sonnenterrasse des Seehotels sorgen für erneute Tiefenentspannung. Ein echter Glücksort werden Maria Laach und der See an Wochentagen, vor allem im Herbst und Winter. Dann ist sinnlich spürbar, warum es Mönche im Jahr 1093 hierher in die Eifeleinsamkeit zog.

● Benediktinerabtei Maria Laach, 56653 Maria Laach, Tel. (0 26 52) 59-0
www.maria-laach.de, www.ferienregion-laacher-see.de

IC XC
EGO SUM VIA VERI
TAS ET VITA

Die Kunst der Weisheit

51 Arte Scienza in Monschau-Dreistegen

Monschau, das steht für die romantischste aller Fachwerkromantik in der Eifel, für Senf aus der Manufaktur, für ein Musikfestival auf der Burg, für Touristenrummel – und für einen Reichtum, der von Tuchmachern kam. Nicht allein die innerstädtischen Händler waren dafür verantwortlich, sondern auch Fabriken vor den Toren der Stadt, etwa am Zusammenfluss von Rur und Perlenbach. Dreistegen heißt der jahrzehntelang verwaiste Ort im engen Tal, geprägt von bruchsteinernen Industriebauten in der Architektur des 19. Jahrhunderts. In einem davon ist Peter Sußner seit 2002 am Werk. Was wörtlich zu nehmen ist, denn der Mann ist waschechter Meister des Spengler- und Kupferschmiedehandwerks.

Von aussterbenden Fertigkeiten vergangener Epochen ist bei ihm allerdings keine Rede, im Gegenteil, alles ist auf fantasievolle Weise höchst gegenwärtig. Denn Sußner ist zugleich Fachmann für Metallrestauration und Meisterdesigner, sprich Künstler, „der macht, was er will, weil er das tun muss, was er macht". So lautet sein Motto, doch von Muss ist in seiner Kunstfabrik Arte Scienza nichts zu spüren. Schon viel eher von Spielfreude, die in Skulpturen, Gemälden und Fotografien zum Ausdruck kommt. Alles ist „wild" und setzt scheinbar Bekanntes aus der alltäglichen Umgebung ungewohnt neu in Szene. Nicht nur das Innere der mehrstöckigen Fabrik, auch der grün wuchernde Garten ist dafür Ausstellungsfläche und Atelier.

Dabei ist Sußner kein Einzelkämpfer, sondern lässt auch seine Kollegen ran, um ihre Kunst auszustellen. Dann muss anderes Handwerkliche nach draußen weichen. Und bei solchen Gelegenheiten spielen Bands im Parterre, dann macht auch schon mal ein glitzernder Nürnberger Weihnachtsmarktengel, der restauriert wird, Platz und landet vor der Tür. Die Arte Scienza ist zum quicklebendigen Treffpunkt für Weisheiten geworden: wie man Altes ganz anders neu belebt, wie man Selbstverständliches hinterfragt und wie man Monschau auch ohne Plüschiges erleben kann.

● Arte Scienza Kunstfabrik, Dreistegen 1, 52156 Monschau, Tel. (01 72) 2 42 33 99
www.arte-scienza-kunstfabrik.de

Ein richtig dickes Ding

52 Lavabombe und Vulkanhaus in Strohn

Am Ortsrand von Strohn lauert ein Ungetüm: Es ist 120 Tonnen schwer und mit einem Durchmesser von fünf Metern eine echte Wuchtbrumme. Von Glück kann hier vor allem derjenige sprechen, der das nicht an den Kopf kriegte. Was durchaus hätte passieren können. Denn die Basaltkugel wurde bei einem Vulkanausbruch ausgespuckt. Allerdings leistete der Wartgesberg-Vulkan dabei echte Sisyphusarbeit: Gleich mehrfach kullerte ein Stück Kraterrand über flüssige Lavafetzen zurück in den Schlot und sammelte dabei immer mehr erstarrende Glut an, die an ihm kleben blieb. Der Brocken wurde auf diese Weise immer wieder hochkatapultiert, bis das dicke Ding endlich im Kraterrand stecken blieb. Bei einer Sprengung im Lavabruch, Äonen später im Jahr 1969, fiel der zum Monolith verbackene Koloss den Arbeitern mehr oder weniger vor die Füße. Im Eiswinter 1980/1981 dann wurde die Lavabombe auf einer Eisenplatte mit einer Planierraupe über den Schnee gezogen, um seitdem als örtliche Touristenattraktion zu gefallen.

Ein paar Meter weiter, im Vulkanhaus, kann man diese Geschichte und viele spannende andere multimedial nacherleben. Wie wäre es, mal eine Spalteneruption live zu spüren, mit dem entsprechenden Beben unter den Füßen? Oder was wäre, wenn die Vulkane in diesem Moment wieder ausbrächen, weil die Eifeler Feuerberge allgemein nur als schlafend, aber nicht als endgültig erloschen gelten? Keine Angst, alles nur Nachbau, aber hervorragend gemacht. Beim Tee im Vulkanhaus-Café kann man sich nach all der Aufregung wieder beruhigen. Wenn man nicht gerade eine Lavabombe bestellt … Die gibt es nämlich auch auf dem Teller. Natürlich deutlich leichtgewichtiger als das Original draußen. Überflüssige Kalorien kann man bei einer Wanderung durch die Strohner Schweiz oder um das Strohner Märchen abtrainieren, so der Kosename für ein verlandendes kleines Maar. 250 Pflanzenarten tummeln sich hier, eine für das ganze Rheinland einzigartige Vielfalt.

● Lavabombe und Vulkanhaus, Hauptstraße 38, 54558 Strohn,
Tel. (0 65 73) 95 37 21 (Museum) und 95 37 20 (Café)
www.vulkanhaus-strohn.de

Vulkan-
Erlebnispfad

Beim Sachenfinder im Grünen

53 Der Weilcheswieserhof bei Bereborn

Wie sagte noch Joseph Beuys? „Alles ist Kunst!“ Mehr als nur sein Bruder im Geiste ist Georg Wittwer, der gleichfalls an der Kunstakademie Düsseldorf lehrt und wirklich vor nichts zurückschreckt, um Kunst daraus zu machen. Plüschtiger oder Plastikwellensittiche, Handtaschen oder Verbundsteine, rostige Öltanks oder schmiedeeiserne Lampen, Thermopenfenster oder Fundhölzer … jedes Material und Objekt wird, dank Wittwers überbordender Fantasie, gepaart mit ausgeprägtem handwerklichem Geschick, zur Skulptur oder zum Bild. Zu sehen ist das nicht nur in Ausstellungen in ganz Deutschland, Dänemark oder den Niederlanden, sondern auch live auf dem Weilcheswieserhof bei Bereborn.

Der Hof ist Wittwers Atelier: Scheunen und Wiesen werden zum lebendigen Museum, mal open air, mal als Fundgrube voller Nischen und Ecken, in denen etwas entsteht. Dass Wittwer auch gelernter Gärtner ist, sieht man dem Anwesen an. Es grünt und blüht überall, Obstbäume alter Sorten und ein Gemüsegarten beweisen, dass er seinen Ursprungsberuf nicht verlernt hat. Dass er und seine Ehefrau Regina Nick hier mit etlichen Tieren glücklich sind, steht außer Frage. Sie teilen das Glück ganz gern mit Besuchern, vorausgesetzt natürlich, die kommen nicht überfallartig. Manchmal, wenn der Sommer so richtig schön ist, veranstalten die beiden für Bekannte und Gäste ein kleines Paddock-Rock-Festival: Der Pferdeunterstand wird zur Bühne für Bands.

Am Weilcheswieserhof übrigens entspringt der Elzbach, der an der berühmten Burg Eltz vorbei in die Mosel fließt. Und über den Weilcheswieserhof wacht weithin sichtbar der Schichtvulkan Hochkelberg, mit knapp 675 Metern der dritthöchste Eifelberg. Um den Berg schlängelt sich eine von drei verschiedenen Routen der Geschichtsstraße, eine 22 Kilometer lange Rundwanderzeitreise zu den Kelten und alten Römern. Die genossen von hier oben aus wohl die Aussicht. Bei Wittwer lohnt es sich, auch ganz nah hinzuschauen.

● Weilcheswieserhof, 56769 Bereborn, Tel. (0 26 92) 93 07 04
www.georgwittwer.de

Stilles Lourdes in Miniformat

54

Die Mariengrotte in Hohenfels-Essingen

Hohenfels-Essingen ist ein lang gezogenes Straßendorf an der B 410, an dem mit Lava beladene Brummis oder Sprudellaster von Gerolstein auf dem Weg zur Autobahn vorbeihuschen. Doch abseits davon ist es schnell ganz still. Unten auf den Weiden am Bach grasen Pferde, ein Ponyhof ist Urlaubsziel für Freizeitreiter, und über allem thront der Mühlenberg. Sein Geheimnis ahnt nur, wer langsam und aufmerksam unterwegs ist: Wuchtige bemooste Basaltmühlsteine, Jahrhunderte alt, stehen im Grün. Solche wie sie wurden von der Römerzeit bis Anfang des 20. Jahrhunderts aus dem Berg gebrochen.

Geblieben sind ein labyrinthischer, versteckt liegender Steinbruch, den sich längst die Natur zurückerobert hat, und im Gipfelbereich mehrere kleinere Höhlen, die – mit Helm und Taschenlampe bewehrt – ein Paradies für Abenteuerspiele sind. Vom Ortsrand führt zunächst ein schmaler asphaltierter Weg bergan bis zu einer Grillhütte, dann ein gewundener, steiler Pfad. Plötzlich, an einer fast senkrecht abschüssigen Bergflanke, glaubt man, einer Halluzination zu erliegen: Was machen die Lourdes-Madonna und Bernadette Soubirous hier in der Eifel, mitten in einem mächtigen Buchenwald?

Die romantische Mariengrotte, die in die fast schwarze Lava hineingehauen wurde, ist das Ergebnis eines missglückten Bootsausflugs auf das Weinfelder Maar. Der Dorfschullehrer von Hohenfels wäre dort beinahe mit seinen Schützlingen gekentert. Aus Dank für die Rettung wurde 1897 die Grotte errichtet. Auf den ersten Blick wirkt sie etwas kitschig für moderne Gemüter. Aber sie berührt das Herz, noch immer gibt es Wanderer, die auf den Sitzbänken vor der Madonnenstatue andächtig innehalten. Man muss nicht katholisch sein, um hier verzaubert zu sein. An Wald- und Baumgeister zu glauben wie die keltischen Ureinwohner funktioniert auch. Oder man genießt einfach die Stille an einem Ort, an dem einst schwer geschuftet wurde.

- Mariengrotte und Mühlsteinhöhlen, Hohenfels-Essingen, vom Ortsrand Hohenfels aus dem hölzernen Schild folgen

Julius Schulz

Brodelndes Temperament

55 Der Brubbel von Wallenborn

Wer nach Wallenborn kommt, der erwartet auch Wallungen – und liegt damit gar nicht mal verkehrt. Der Name wurde dem abgelegenen Dörfchen im einstigen Bannwald zwischen Daun und dem Bitburger Gutland nicht umsonst verpasst: Born heißt Quelle, und hier sprudelt eine besonders kräftig ans Tageslicht. Brubbel wird sie liebevoll und lautmalerisch genannt. Ihr Geheimnis: Unter einem kleinen Teich befindet sich ein vulkanisches Kohlenstoffdioxid-Gasvorkommen, welches das sedimentgeschwängerte und trübe Wasser darüber in regelmäßigen Abständen zum Hochkochen bringt. Wobei Kochen nicht wörtlich zu nehmen ist, denn der Brubbel ist ein waschechter Kaltwassergeysir. Im Gegensatz zu seinem Kollegen in Andernach treibt es ihn ohne menschliche Nachhilfe an die Oberfläche. Etwa alle halbe Stunde veranstaltet das Calcium-Natrium-Hydrocarbonat-Gemisch eine (allerdings ungefährliche) Eruption und schießt drei plätschernde und schäumende Meter in die Höhe. Das Nass ist – chemisch gesehen – so aggressiv, dass die Brubbeleinfassung alle paar Jahre saniert wird.

Weil auch immer ein bisschen Schwefelwasserstoff mit nach oben kommt, liegt ein leicht fauliger Geruch in der Luft. Der Brubbel – man kann es nicht verheimlichen – müffelt. Nicht schlimm, aber doch so, dass seine Bewunderer ihrer Nase anschließend etwas Gutes tun möchten. Im Sommer bietet sich der Besuch des nur wenige Meter entfernten Hofladens der Imkerei Doll an, wo man viel Süßes findet und eine Imkereiführung mitmachen kann. Oder aber man erwandert den 3,5 Kilometer langen Brubbelpfad, der unter anderem manchen Aha-Effekt zum Wallenborner Dialekt offenbart. Der ist sogar bei anderen Eifelern berühmt-berüchtigt. Die Abgeschiedenheit des Dorfes bringt es mit sich, dass hier alles noch etwas exotischer ausgesprochen wird als andernorts. Wer nichts versteht, muss sich also nicht schämen – Hauptsache, es brodelt!

● Wallender Born, Neue Straße, 54570 Wallenborn
www.wallenborn-eifel.de

Glück kann man backen

56 Brotkunst und Wirkstatt in Dockweiler

Um das Glück zu finden, muss man nicht weit weg. Das Geschwisterpaar Josef und Christel Utters ist dem Heimatdorf Dockweiler treu geblieben. Er hat die elterliche Bäckerei übernommen, sie hat in einem uralten Haus mit Garten und Brunnen ihre Wirkstatt und damit einen Ort der Begegnung geschaffen, in dem man innehalten und neue Kraft schöpfen kann. Nichts Besonderes, könnte man meinen. Doch allein schon der Brötchenkauf in der Bäckerei lehrt einen Besseres. Josef backt im Holzofen und verwendet Biozutaten aus der Region wie etwa Getreide, das er selbst mahlt. Seine handgemachten, marzipanstrotzenden Weihnachtsstollen und buttrigen Schokokekse sind unnachahmlich. Er schafft es sogar, glückliche Azubis zu finden, die das andernorts aussterbende Handwerk als Berufung lernen. Und die Cafénischen, die er nicht nur in Dockweiler, sondern auch in den beiden Filialen in Daun und Manderscheid eingerichtet hat, sind zugleich eine Art kleines Heimatmuseum mit Fotos, altem Mobiliar und viel Charakter.

Ein paar Häuser weiter ist die Wirkstatt. Christel Utters teilt die gern nicht nur mit ihrer Mitstreiterin Mechthild Simonis, sondern auch mit Menschen, die – in welcher Lebenslage auch immer – allein oder gemeinsam mit anderen eine neue Richtung einschlagen, einfach mal zur Ruhe kommen oder sogar so etwas wie Spiritualität finden wollen. Verschiedene therapeutische Weiterbildungen und auch ihre Erfahrungen in ganz praktischer kirchlicher Gemeindearbeit geben da den Rückhalt. Und die Natur. Christel Utters hat buchstäblich ihre Bodenhaftung nie verloren: Sie geht seit Jahrzehnten sommers wie winters barfuß. Und ist überzeugt, dass man nicht immer Neues braucht, um glücklich zu sein. Bei ihr bekommen viele Gegenstände eine zweite, dritte, vierte Chance. Menschen auch.

Beide Utters' zeigen in Dockweiler, wie das geht: glücklich sein mit den wenigen wirklich wichtigen Dingen, sei es ein Brot oder ein Baum. Und wer das als Besucher miterlebt, wird angesteckt.

- Bäckerei Johann Utters & Sohn, Hauptstraße 6, 54552 Dockweiler, Tel. (0 65 95) 9 20 60, www.brotkunst.de
- Wirkstatt, Hauptstraße 27, 54552 Dockweiler, Tel. (0 65 95) 17 37 www.wirkstatt-eifel.de

Bäckerei
demeter

Ein Schwan als Retter

57

Schwanenkirche Roes

Das Maifeld ist eine sehr fruchtbare, sanft gewellte Hügellandschaft tief im Osten der Eifel. Von hier aus schaut man weit, sogar bis auf die Hunsrück- und Westerwaldhöhen. Und es ist ein Paradies für Radfahrer, nicht zuletzt dank des Maifeldradweges auf einer ehemaligen Bahntrasse. Die atemberaubenden Panoramablicke sind in manche Himmelsrichtung verziert mit im Wind drehenden Rotoren – Natur und Menschen treffen in dieser uralten Kulturlandschaft von jeher aufeinander.

Abseits von Roes, einem kleinen Dorf mitten auf der weiten Hochebene des Maifelds, befindet sich unweit der Burgen Eltz und Pyrmont ein Kleinod. In den Feldern stand seit dem 15. Jahrhundert eine gotische Kirche. Der Sage nach befreite ein Schwan nach Gebeten, welche ein Ritter an die Muttergottes richtete, den geschundenen Mann aus der Gefangenschaft und flog ihn über das Meer nach Hause. Zum Dank errichtete er die Kapelle. 1944 wurde sie zerbombt. Der Nachkriegsbau, der jetzt hier steht, wirkt von außen robust und gedrungen wie eine typische alte Eifeler Wehrkirche.

In ihrem Inneren fühlt man sich geborgen. Es erstrahlt intensiv in Rot, Gelb, Orange und Violett … warme, die Seele streichelnde Farbtöne, welche die Fenster aus dem strahlenden Sonnenlicht hereinzaubern. Die Schwanenkirche von Roes ist damit ein Ort wie nicht von dieser Welt, vollkommen entrückt von allem Störenden. Die Farben kreieren ein ganz eigenes Universum. Sonst ist alles schlicht, nichts lenkt ab von den Gefühlen, die hier Raum finden: Dankbarkeit wie die jenes Ritters, im Reinen sein mit sich, Kraft tanken. Wenn man wieder draußen in der Sonne steht, weiß man: In der Ruhe liegt die Kraft, um den Herausforderungen der Welt gestärkt zu begegnen.

TIPP

Östlich des Dorfkerns von Roes, an der Pyrmonter Mühle, beginnt der elf Kilometer lange Traumpfad Pyrmonter Felsensteig, der 2015 als schönster Rundwanderweg in Deutschland ausgezeichnet wurde.

● Schwanenkirche, 56754 Roes, an der Kreisstraße 26 Richtung Brachtenfeld

Pfannkuchen-Glück

58 Die Alte Pleiner Mühle

Auf der schönsten Etappe des sowieso schon superschönen Lieserpfads – vom „Wanderpapst“ Manuel Andrack geadelt – zwischen Manderscheid und Wittlich liegt mitten im Wald die Alte Pleiner Mühle. Sie wurde um 1720 erbaut und diente als Kornmühle. Heute erfreut sie noch immer mit Getreideprodukten: Vor allem echt leckere niederländische Pfannkuchen gibt es als Spezialität auf der Karte. Das ist kein Zufall, denn Guido Hermans und seine Ellen, die seit 2016 ihren Traum vom Gastgeberdasein verwirklichen, kommen aus den Niederlanden.

Was die Gaststätte nicht nur für das nette Paar, sondern auch für Wanderer und Besucher zum Glücksort macht, ist sicher kein schickes und durchgestyltes Ambiente. Alles ist ländlich-praktisch-einfach und liebenswert ein bisschen in die Jahre gekommen. Der Charme der 1970er- und 1980er-Jahre ist unverkennbar und passt zum Gefühl, hier ein Stück weit jenseits der Zeit gelandet und genau deshalb so geborgen zu sein. Es geht ungezwungen zu. Ein kleines Ausflugslokal für alle, die sich keine Gedanken über Trends oder Termine machen wollen.

Auf Höhe der Alten Pleiner Mühle rauscht die Lieser über Felsbrocken in ihrem Flussbett, sodass auf der Sonnenterrasse mit Blick auf das dahinströmende Wasser immer eine entspannende Geräuschkulisse garantiert ist. Moosbewachsene Steine werden vom klaren Gebirgsflüsschen umspült, auf manchen wachsen sogar kleine Bäume. Hier am Ufer zu sitzen lässt komplett vergessen, dass man eigentlich schon längst weiterwandern wollte. Und so ist die Alte Pleiner Mühle der perfekte Schlusspunkt der teils alpinen Etappe des Lieserpfads mit anspruchsvollen Steigungen und schmalen Pfaden. Wer in der doch modernen Ferienwohnung der Mühle übernachtet und den opulenten Mühlenbrunch genossen hat, ist dann gut genug gestärkt für die sanftere Wanderstrecke bis hinunter zur Mosel.

● Alte Pleiner Mühle, Zur Pleiner Mühle 0, 54518 Plein, Tel. (0 65 71) 83 03
www.altepleinermuehle.de

Alte
Pleiner Mühle

Der tiefste Bierkeller

59 Der Lavakeller und die Vulkan Brauerei in Mendig

Nicht nur Bier-Freunde geraten bei einem Besuch der Lavakeller beinahe in einen Tiefenrausch: Die Keller von Mendig wurden mehr als 30 Meter unter der Erdoberfläche ins vulkanische Gestein gehauen, das beim Ausbruch des Laacher Sees die Gegend formte. Es entstand ein mehr als drei Quadratkilometer großes Geflecht aus unterirdischen Räumen, deren schwarze und dunkelgraue Wände und Decken das typische Säulenmuster erstarrter Lava aufweisen. Ursprünglich als Mühlsteinbruch gedacht, wurden die Höhlen im 19. Jahrhundert umfunktioniert: Dank der ganzjährig konstanten Kühlschranktemperatur von etwa fünf bis acht Grad nutzten damals 28 Brauereien die Unterwelt zur Lagerung ihres Bieres.

Eine davon ist übrig geblieben: die Vulkan Brauerei. Ihre Biere – helle und dunkle Sorten – sind unfiltriert und am besten ganz frisch und mit deftigen Eifelgerichten zu genießen im urigen Brauhaus, das sich über den Kellern befindet. Es gibt Brauereiführungen, Bierproben und natürlich Führungen durch das kühle unterirdische Reich. Letztere darf man jedoch angesichts der 153 ausgetretenen Stufen, die es in die tiefsten Bierkeller der Welt hinuntergeht, und angesichts der holprigen Wege nur nüchtern und angemessen beschuht unternehmen.

Die menschengemachten Höhlen gehören im Übrigen zum Deutschen Vulkanmuseum Lava-Dome, einer multimedialen Erlebniswelt mit spektakulären Shows. Auch das ist eine nüchterne, wenngleich faszinierte Betrachtung absolut wert. Ganz in der Nähe liegt ein weiteres Highlight des Vulkanparks, wie der gesamte, 1996 gegründete Geopark mit seinen 25 erdgeschichtlichen Stationen heißt. Es ist die 50 Meter hohe, senkrecht aufragende Wingertsbergwand. Hier ahnt der Besucher beim Anblick der wie in einem Baumkuchen aufgeschichteten Asche die Kraft der Eruptionen – und welches Glück es bedeutet, im Hier und Jetzt zu leben.

- Vulkan Brauerei, Laacher-See-Straße 2, 56743 Mendig, Tel. (0 26 52)52 03 30 (Brauhaus) und 52 03 90 (Brauerei), www.vulkan-brauerei.de
- Lava-Dome, Deutsches Vulkanmuseum Mendig, Brauerstraße 1, 56743 Mendig, Tel. (0 26 52) 9 39 92 22, www.lava-dome.de

Tempo runter

60 Eselwandern in Bongard

Wer nach einem halben Wander-Tag zum ehemaligen Forsthaus am Fuße des Barsbergs bei Bongard zurückkehrt, hat diesen besonderen Glanz in den Augen. Und das Tier daneben, das noch angeleint ist, futtert genüsslich die letzte mitgebrachte Möhre, wedelt ein bisschen mit den langen grauen Plüschohren und tut so, als sei nichts gewesen. Dabei hat das Wandern mit Eseln, das Petra Landsberg in einem stillen, unberührten Naturschutzgebiet nicht weit vom Nürburgring anbietet, durchaus Potenzial, das Leben rundum zu verändern. Nicht das der Vierbeiner, versteht sich, sondern das der oft gestressten Zweibeiner, die mal komplett rauswollen aus dem Alltag.

Können sie auch. Wer mit Jupp, Trude, Käthe, Fritz, den beiden Theos, Sepp oder Ali die fünf Kilometer zur Waldquelle oder die zehn Kilometer zu einer einsamen Kapelle wandert, wird auf durchschnittlich drei Stundenkilometer entschleunigt. „Die Esel geben das Tempo vor. Und sie haben Zeit“, sagt Petra Landsberg. „Für fast jeden bedeutet es hundert Prozent Glück.“ Alles Nebensächliche hört auf zu existieren, kaum dass man den Hof des Forsthauses verlassen hat. Nun bildet man ein Team mit dem Esel, dessen Bedürfnisse Priorität haben. Ihm schmeicheln oder drohen hilft nichts: Esel sind charakterfest.

Doch keine Angst, den Umgang mit den grauen Langohren lernen die Wanderer gleich zu Beginn in einem kleinen Crashkurs. Zum „Eselführerschein“ gehört es auch, zu striegeln und die Hufe auszukratzen: Nähe schafft Vertrauen. Esel sind Flucht- und wasserscheue Wüstentiere. Dabei kennen sie die Routen rund um den Barsberg genau, verlaufen kann man sich mit ihnen nicht. Sie gehen übrigens nur dann auf Tour, wenn die Wege nicht klatschnass sind. Die Eselwanderungen sind also ein ideales Schönwettererlebnis. Das entschleunigte Haupt kann man im Anschluss in stilechten Schäferwagen betten oder auf der nahen Wanderreitstation Eifeltrotter in Gelenberg, wo es für Eselwanderer auch etwas zu essen gibt.

● Eselwandern Eifel, Am Barsberg 14, 53539 Bongard, Tel. (0 26 92) 9 32 67 73
www.eselwandern-eifel.de

Nichts zu meckern

61 Ziegenkäserei Vulkanhof in Gillenfeld

Milchproduzentinnen können ganz schön neugierig sein. Wer den quirligen Edelziegen auf dem Vulkanhof in Gillenfeld, nur einen kleinen Spaziergang vom Pulvermaar entfernt, in die waagrechten Pupillen schaut, sieht jede Menge Lebenslust und wird, wenn er mit dem Ärmel nah genug kommt, gern auch mal angeknabbert. Das noch größere Vergnügen ist es natürlich, selbst zu knabbern: zum Beispiel den Ziegenhartkäse, der mit seiner Reife an Aroma zunimmt, oder den Ziegenfrischkäse mit Walnusskrokant, Pinienasche oder Kräutern. Sündhaft leckere Pralinen, in denen Schokolade, Trester und Ziegenkäse Hochzeit feiern, oder Eis aus Ziegenmilch sind ausgefallene Leckereien, die es ebenfalls im Hofladen – oder im Sommer draußen auf der Sonnenterrasse – zu probieren gibt. Den Vulkanhof-Käse kann man zwar auch in ausgewählten Gourmet- und Sternerestaurants oder im Berliner KaDeWe haben, aber nirgendwo so authentisch wie vor Ort, mit den Ziegen im Rücken, bäuerlich handfest und ohne Schickimicki. Einblicke in den Stall oder in die Käserei, in der noch ganz handwerklich gearbeitet wird, inklusive.

Die Patronin des Vulkanhofs, Inge Thommes-Burbach, stellte den elterlichen Milchviehbetrieb 1995 komplett auf Ziegen um. Assistiert wird ihr mittlerweile von Tochter Manuela Holtmann und deren Ehemann Michael, der sich um die Tiere kümmert. Ein typischer Eifeler Familienbauernhof, in dem die Generationen miteinander arbeiten. Das Thema Nachhaltigkeit wird ganz großgeschrieben, der „Lernort Vulkanhof" bekam sogar den Bundespreis Regiokommune 2016, weil hier Kinder hautnah erleben können, wie man artgerecht und naturschonend gesunde Lebensmittel herstellt. Die Ziegen tummeln sich stressfrei auf naturbelassenen Wiesen rings um den Vulkanhof, die mit ihren vielen Kräutern und Blumen auch ein Paradies für Bienen sind, und ernähren sich ganzjährig vom hofeigenen frischen Gras oder Heu.

● Vulkanhof, Vulkanstraße 29, 54558 Gillenfeld, Tel. (0 65 73) 91 48
www.vulkanhof.de

Walk on the wild side

62 Wandern auf dem Traumsteig im Enderttal

Rund sechs Stunden Wanderglück gibt es getreu dem Motto von Leonard Cohen, auf der wilden Seite des Lebens zu gehen, wenn man den mehr als 20 Kilometern des Traumsteigs Enderttal von Ulmen nach Cochem folgt. Der erste Teil von der Quelle des Endertbachs bis zum Kloster Maria Martental ist wald- und abwechslungsreich, vor allem erholsam und ohne größeren sportlichen Ehrgeiz zu bewältigen. Danach trägt die Wilde Endert, wie das Gebirgsbächlein ab hier genannt wird, ihren Beinamen zu Recht. Denn sie hat sich – temperamentvoll und beharrlich wie sie ist – im Laufe der Erdgeschichte tief in eine schmale Schlucht eingegraben, welche die Höhen der vulkanischen Eifel mit dem lieblichen Moselufer verbindet. Rund 400 Meter Gefälle machen den Unterschied.

Kleine Wasserfälle, holprige Pfade und vor allem dschungelartiger Wald geben der Wanderung den Charakter. Selbst im Hochsommer herrscht hier mittags grünliches Dämmerlicht, man fühlt sich fast wie Mogli aus Disneys Dschungelbuch. Hier hört man wirklich nur noch raschelndes Laub, eilig dahinströmendes Wasser und zwitschernde Vögel. An manchen Stellen ragt der nackte Fels hervor und zeigt durch die steile Schichtung des Schiefers, in welche Schieflage Mutter Erde hier geraten ist und wie hauchdünn der Humus ist, auf dem sich knorrige Bäume festhalten.

Einst nutzten 28 Mühlen die Kraft der Endert, um Getreide zu mahlen, das von Eseln durch die wilde Waldeinsamkeit transportiert wurde. Heute sorgen die Browelsmühle, die Göbelsmühle und das Hotelrestaurant Weißmühle neben dem Glück der Bewegung auch für das Gaumen-Glück. Und wer dann genügend Kraft getankt hat, schafft auch noch die Stunde bergab bis zur Reichsburg in Cochems Altstadt. Dort wartet dann das Glück für Ritterromantiker und Menschen, die nach der Stille den Moselwein-Trubel lieben.

● Traumsteig Enderttal, Teil des Karolingerwegs des Eifelvereins (Nr. 15), Symbol: schwarzer Winkel, Parkplatz am Marktplatz in Ulmen, Rückkehr vom Endertplatz in Cochem mit Bus 500

Schwelgen in Nostalgie

63

Das Puppenmuseum in Laufeld

An Laufeld, irgendwo im Nirgendwo zwischen Wittlich und Daun, fährt man schnell vorbei. Doch wer sehnsuchtsvoll an Kindertage mit Puppenstuben oder Modelleisenbahnen denkt, ist hier am Ziel seiner Träume. Und wer ein Pfadfinderherz unter dem Business-Outfit versteckt hat, auch. Denn das eigentlich komplett unspektakuläre Örtchen verzaubert im Keller des Landhotels Eifelperle mit einer kleinen Zeitreise, und der Wald rund um das Dorf steckt voller Überraschungen.
Die familiengeführte Eifelperle ist „übertage" ein etwas altmodisches, aber liebenswertes Domizil für Leute, die keine Angst vor Nippes haben. Puristisches Styling und neueste Trends? Fehlanzeige. Im Souterrain geht es dann so richtig zur Sache. Hausherrin Gisela Becker hat jahrzehntelang gesammelt, was das Zeug hält: Puppen aus Holz, Wachs, Porzellan oder Celluloid, Plüschtiere, Spielzeugkaufläden, Puppenstuben, Blechautos, Holzfigürchen … eine ganze Kindheitswelt. Die ältesten Stücke stammen aus der Mitte des 19. Jahrhunderts. Im Garten des Hotels stehen kleine Fachwerkhäuser, in denen eine Ausstellung alter Eifeler Handwerks- und Wohnkultur sowie eine Sammlung von Gegenständen aus den pfiffigen Fifties untergebracht sind. Petticoat, Nierentisch und Rock 'n' Roll inklusive.
Gegen die zivilisatorischen Errungenschaften kann sich in puncto Glücksfaktor auch die Natur vor der Hoteltür behaupten. Ein Lehrpfad führt durch einen immer wilder werdenden Wald, in dessen Mitte ein uriges, kleines Feuchtbiotop mit Libellen, Seerosen und Schilf liegt. Ein perfekter Ort, um innezuhalten und eine Weile mal gar nichts zu tun, außer die Sinne zu schärfen. Hier dürfen Bäume sterben und neues Leben hervorbringen. Am entgegengesetzten Dorfrand, schon längst hinter Feldern und Äckern, schlägt das Herz aller höher, die Outdoor-Feste lieben. Die Laufelder Grillhütte mit Feuerplatz thront über einem überwucherten Steilhang zum Liesertal hinunter, verschlungene Pfade führen zum Flüsschen.

● Puppen- und Spielzeugmuseum Laufeld, Im Hotel Café Eifelperle, Keltenstraße 6, 54533 Laufeld, Tel. (0 65 72) 43 90, www.puppenmuseum-laufeld.de

Hier werden Kerle gemacht

64

Das Seminarzentrum Beuerhof in Üxheim

Üxheim ist eigentlich ein ganz normales Dorf auf den Eifelhöhen, kurz bevor es ins Ahrtal hinunter- und weiter in die nordrhein-westfälische Nordeifel geht. Vor 2000 Jahren gab es hier eine römische Pferdewechselstation auf dem Weg von Trier nach Köln. Das Thema „Change" ist nach wie vor aktuell: Denn auf dem etwas außerhalb mitten im Grün gelegenen Beuerhof, exakt an Ort und Stelle der römischen Raststätte, wechseln heute Bürohengste ihre Identität. Dieter Scholz, einst der fotogene „Camel-Man" mit der Zigarette im Mund und dem Loch in der Schuhsohle, hat den Beuerhof zu einem spirituell-schamanischen Kraftort gemacht. Schwitzhütten gibt es hier, in denen gestresste Städter bei Inipi-Zeremonien wieder mehr Verbundenheit mit dem natürlichen Lauf der Welt erleben.

Gerne kommen Männergruppen und erhalten in Camps, in der filmreifen Atmosphäre eines Tipidorfs, ihre Kerlekraft bei keltischen Feuertänzen oder indianischen Medizinrädern zurück. Unwesentlich mehr Komfort bieten Waldküche und Longhouse. Aber wer sich am Lagerfeuer die internetgeschundene Seele aus dem Leib tanzt und trommelt, will nichts anderes als eine Auszeit von Schreibtischen, Sofas und Smartphones. Mehr gewohnte Zivilisation gibt es im Kaminsaal oder in Konferenzzimmern, denn der Beuerhof ist auch Zentrum für Workshops und Events, die nicht vom „Camel Man himself" veranstaltet werden.

Den amerikanischen Ureinwohnern kommt man hier in der Eifel übrigens ganz nah: Im Beuerhof können sich alle, die an der Realität der indianischen Lebensweise interessiert sind, auf den großen Sundance der Lakota-Indianer in South Dakota vorbereiten. Häuptling Archie Fire Lame Deer war jahrelang immer wieder Gast bei Dieter Scholz – und umgekehrt. Wer mental in Europa bleiben will, findet in der ungezwungenen, an New Age erinnernden Atmosphäre auf jeden Fall einen Platz, an dem er – oder sie – einfach eine Auszeit vom normalen Alltag nehmen kann.

● Seminarzentrum Beuerhof, Beuerhof 1, 54579 Üxheim, Tel. (0 26 96) 2 83
www.beuerhof.de

Sie nennen es Bullerbü

65

Das Dorf Gefell in der Vulkaneifel

Erst ziehen Kranichschwärme direkt über das Dorf, später zeigen Schwalben lauthals zwitschernd zwischen efeubewachsenen Giebeln und Obstbäumen ihre Luftartistik: Es wird Sommer in Gefell. Die Wagners lassen ihre Mutterkuhherde draußen grasen, in den Gärten blüht Flieder, Familie Hens stellt Palmen und Oleander raus. Ihre Bienen machen sich über die Millionen von quietschegelben Löwenzahnblüten und rot blühenden Klee auf den Wiesen ringsum her oder brummen in den süß duftenden Linden.

Der Trecker von Bürgermeister Alfred wird aus dem Schuppen befreit und tuckert in Richtung Waldrand. Er überholt Opa Klaus, der mit seinem Rollator jeden Tag zum Waldsofa am Ortsrand spaziert, von wo er 60 Kilometer weit über das Moseltal hinweg zum Erbeskopf im Hunsrück gucken kann. Jupps Kinder hopsen auf dem Trampolin in Jupps Garten. Jupp selbst werkelt vor seiner Garage.

Viel mehr ist eigentlich nicht los in Gefell. Hier kann man sich in aller Seelenruhe aus der Zeit fallen lassen. Es gibt in den wenigen Ferienwohnungen des Dorfes Gäste, die bewegen ihr Auto eine ganze Urlaubswoche lang keinen Zentimeter. Danach verabschieden sie sich strahlend, als hätten sie das Abenteuer ihres Lebens bestanden. Dabei waren sie nur zu Fuß rund ums Dorf unterwegs, bis zum Vulkan Kreuzberg, bis zum verwilderten Fischteich am Holzstruthbach, bis zum magischen Afelskreuz gegen Pest und Viehtod. „Das ist hier echt Bullerbü“, sagen sie. Der Vergleich stammt von Dieter aus dem Ruhrpott, Ex-Weltmeister im Busfahren und Wahl-Gefeller. Dieter und seine Elke verbringen hier ihren Lebensabend.

Und zwar ohne Angst vor Einsamkeit im Alter. Gefell ist ein Glücksort, weil die Nachbarn fragen, ob sie helfen können. Oder sie lassen einen in Ruhe, wenn man das will: zu-frieden sein. Ein schwules Pärchen aus Amsterdam feierte hier sein Vierteljahrhundert voller Liebe, beide weit gereist quer durch alle Kontinente. Ihr Fazit im Gästebuch: „Machu Picchu, Great Barrier Reef, Gefell. Wow!“

● Gefell, www.gefell.de

Germany

Über dem Tal schweben

66

Auf der Tellerley mit sonnigen Aussichten

Der Lieserpfad folgt dem Flüsschen, das ihm seinen Namen gab, durch dichte Mischwälder und durch lichtdurchflutete Auen mit saftigen Wiesen. Der Straßenverkehr ist fern … Was war noch mal ein Auto? Der Pfad wurde von „Wanderpapst“ Manuel Andrack als schönster Wanderweg der Welt tituliert. Er muss als Profi wissen, wovon er schwärmt. Aber ob er auch die Tellerley entdeckt hat? Denn die ist das Sahnehäubchen auf dem Lieserpfad – genauer gesagt über dem Lieserpfad, denn wer im Tal lustwandelt, sieht nichts von diesem bizarren Felssporn aus Lava hoch über dem grünen Grund. Umgekehrt jedoch hat man einen fantastischen, nach Süden gerichteten Ausblick über den einsamen kleinen Canyon, den die Lieser ins vulkanische Gestein gegraben hat. Es gibt eine Holzbank für besinnliche Minuten, die zu Stunden werden können, ohne dass einem langweilig wird. Für Schwindelfreie, die sich ein paar Schritte weiter wagen, eignen sich auch die puren, sonnengewärmten Lavabrocken zum Hinhocken und Die-Welt-Vergessen.

Die Tellerley ist die eifeltypische Verbindung von Natur und Tatkraft: Eine windungsreiche und ambitionierte Mountainbikestrecke führt nah dran vorbei, einen buchstäblichen Steinwurf entfernt ist ein Steinbruch, der beste Parkplatz zur fußläufigen Eroberung der vulkanischen Aussichtsplattform befindet sich im kleinen Industriegebiet von Üdersdorf und das letzte Haus, bevor es in den Wald und weiter zur Tellerley geht, gehört zu einer Tierarztpraxis. Der kleine Spaziergang zum Felsplateau beginnt also mitten im Eifeler Alltag. Weiter geht es an einer der seltsamsten Grillhütten der Eifel vorbei: In eine uralte, vermutlich sogar antike Lavagrube hineingezwängt steht sie da, auch im Sommer ein schattiges Plätzchen im Verborgenen, ideal für Liebespaare oder vergnügungshungrige Kids. Noch ein paar Minuten durch lichten Wald und über Wiesen, dann plötzlich ragt die knorrig erstarrte Lava aus dem Dickicht und bildet einen natürlichen Thron über dem senkrechten Abgrund.

TIPP

Gasthaus Lenerz im nahen Weiersbach lockt am Wochenende mit Köstlichkeiten aus regionalen Zutaten.

● Tellerley, 54552 Üdersdorf, Parken im Gewerbegebiet an L46, 50°08'54.9"N 6°48'41.8"E, Fußweg in südlicher Richtung ausgeschildert

Perfekte Filmkulisse

67

Schloss Bürresheim bei Mayen

Als sich Walt Disney ein hübsches Schloss mit Mittelalterflair ausdachte, muss er Schloss Bürresheim vor dem geistigen Auge gehabt haben. Es liegt nördlich von Mayen, lieblich eingeschmiegt ins Wald- und Wiesengrün auf einem kleinen Felsvorsprung über dem Flüsschen Nette, und diente bereits mehrfach als Filmkulisse. Rumpelstilzchen wurde hier für die ARD gedreht, auch Der letzte Kreuzzug von Indiana Jones kam nicht ganz ohne den Anblick dieser perfekten Romantik aus. Heute führt der Traumpfad Förstersteig an dem kleinen, kompakten Architekturwunder vorbei.

Schloss Bürresheim ist deshalb ein vom Glück bevorzugter Ort, weil es seit dem 12. Jahrhundert selbst nie zerstört wurde und noch heute inmitten einer intakten Landschaft liegt, die jeglichen Stress vergessen lässt. So sehen Märchenkönigreiche aus, hier wohnen Prinzessinnen und Königssöhne. Von der wuchtigen mittelalterlichen Festung bis zum barocken Wohnschloss sind alle Stadien der Architektur- und Kunstgeschichte erhalten und miteinander verwoben. Bis 1938 wurde es bewohnt und so mit seinem reichen Interieur zum Spiegelbild der adligen Wohnverhältnisse quer durch die Jahrhunderte. Das Barockgärtchen mit seinen zipfelmützenartig geschnittenen Buchsbäumen ist das i-Tüpfelchen auf dem Sahnehäubchen des Schlösschens.

Bürresheim ist optisch einfach süß, man kommt mit den Koseworten gar nicht nach. Die sommerlichen Kulturhighlights, die auf dem Schloss stattfinden, sind da teils handfester – mit Ausnahme des familientauglichen Märchenfestes natürlich, bei dem getanzt, geschauspielert und mitgemacht wird, was das Kinder- und Elternherz begehrt. Ansonsten geht es schon mal um die Rolle der Medien oder um historische Größen wie Luther oder Karl den Großen. Auch Literarisches oder Philosophisches rund um Freiheit und Liebe hat hier seinen Platz. Denn natürlich kann man auf Schloss Bürresheim auch sehr stilecht eine Traumhochzeit feiern.

● Schloss Bürresheim, 56727 Mayen, Tel. (0 26 51) 7 64 40

Westfälische Totleger leben

68

Der Archehof Am Kisselsbach in Horperath

Wer am Ortsrand von Horperath zu Füßen des Hochkelbergs neugierig wird auf vierbeinige Kletterkünstler, die ebenso neugierig über den Zaun zurückblicken, wird bisweilen von einem kleinen Mädchen besorgt gefragt, was man da treibt. Die Schülerin passt auf. Denn die vorwitzige Lullu und die anderen auffällig gemusterten Ziegen sind, erst recht wenn es tierischen Nachwuchs gibt, die Stars der Dorfkinder. Lullu ist eine original Waliser Schwarzhals-Ziege: vorn dunkel, hinten hell, ein bisschen wie Schokopudding mit Vanille. Seit 2014 betreiben ihre Besitzer Harald und Erika Strüning den Archehof 237 Am Kisselsbach und engagieren sich dafür, seltene Nutztierrassen wie besagte Schwarzhals-Ziegen oder auch Geflügel wie Enten, Puten und Hühner zu erhalten. Permanent etwa 70 Tieren geben sie ein Zuhause, zum Beispiel Zwiehühnern wie den Westfälischen Totlegern.
Geschlachtet wird auf dem Hof nicht, doch es geht bei aller Tierliebe auch nicht um Sentimentalitäten. „Wir leisten eine Verbreitungs- und Erhaltungszucht", erläutert Harald Strüning. Abnehmer der geschlechtsreifen Tiere sind Zoos, Freizeitparks oder auch Privatleute. Er und seine Erika leben eng mit ihren Tieren: Die Brutmaschine steht im Haus, die frisch geschlüpften Küken erblicken als erste Lebewesen zwei Menschen. Auch tierische Senioren, die nicht mehr für die Zucht taugen, fristen bei ihnen ihren Lebensabend.
Quasi nebenbei lernen Touristen etwas über den Wert und die Besonderheit uralter Haustier-Arten. Denn die Strünings heißen als sogenannter Wwoofer-Hof auch vernetzte Menschen aus aller Welt willkommen, die hautnah auf Ökohöfen miterleben wollen, wie diese Art der Landwirtschaft geht, die umherreisen, bei der Arbeit mithelfen und dafür kostenlos übernachten. Außerdem gibt es Hofführungen, bei denen vegane Köstlichkeiten locken. Denn zur Arche gehört ein großer Bauerngarten, der teilweise Selbstversorgung ermöglicht. Viel mehr im glücklichen Frieden mit Mutter Natur kann man nicht sein.

● Archehof Nr. 237 Am Kisselsbach, Dederichswiese 6, 56766 Horperath, Tel. (0 26 92) 93 10 49, www.vieh-ev.de, www.wwoof.de

Hopfen und Malz

69

Auf dem Hof Dick in Holsthum

Warm, feucht, fruchtbar … so liebt es der rasant wachsende Hopfen. In der Flussaue der Prüm in der südlichen Eifel findet die für ihre beruhigende Wirkung und ihr herbes Aroma geliebte Arzneipflanze ideale Bedingungen. In nur hundert Tagen reift der Hopfen und muss auf den Punkt genau rasch geerntet werden. Für Bauer Andreas Dick, der am Ortsrand von Holsthum das einzige Anbaugebiet in Rheinland-Pfalz und eines der nördlichsten in ganz Deutschland pflegt, heißt das ab Ende August: Raus zu den typischen riesigen Stangengerüsten und rein in die Scheune mit der meterlangen Kletterpflanze, auf dass die grünen Dolden gepflückt und getrocknet werden. Als echter Siegelhopfen hat er dann die Ehre, dem Bitburger Bier den unverwechselbaren Charakter zu geben.

Aber nicht alles grüne Gold geht direkt ins Brauhaus. Besucher des Hofes Dick erleben es vor Ort mit allen Sinnen. Für sie ist der Hopfen ein echter Glücksmacher – ganz ohne Arbeit. Bei Hofführungen, Bierbrauseminaren und anderen hoftypischen Erlebnissen gibt es spannende Einsichten in die Verarbeitung der wertvollen Kulturpflanze und leckere Live-Genüsse fester und flüssiger Natur. Bei der Hopfengaudi können sich die Gäste wie bei einer Landlust-Olympiade beweisen: Hopfenstangen-Mikado, Maßkrugschieben, Landballenparcours oder ein Quiz schenken wohldosierte Adrenalinkicks fürs Vergnügen.

Im kleinen Hofladen locken Hopfenkissen zur Beruhigung, aromatische Schnäpse und Liköre oder Kränze und Ranken zur Dekoration. Zur Saison und auf Nachfrage können Feinschmecker bei Andreas Dick die ersten zarten Triebe des Hopfens – Hopfenspargel oder -sprossen genannt – samt Rezepten bekommen. Sie sind Zutat für echte Gaumensensationen, als Salat, mariniert oder in Bierteig gebacken.

TIPP

Im urigen Biergarten Gadewertschaft ennerm Nossboam auf dem Holsthumerberg am Felsenweg Prümer Burg gibt es einen Bouleplatz, eine riesige Sonnenuhr und neben Bier auch Holsthumer Viez.

Hof Dick, Auf der Hütte 2, 54668 Holsthum, Tel. (0 65 23) 4 64
www.hopfenbauer.de

„Wenn es dir guttut, komm!“

70 Exerzitienhaus St. Thomas

So lautet das Motto des Exerzitienhauses St. Thomas. Ankommen, das geht schon mal sehr sanft und ökologisch. Denn die Regionalbahnlinie von Köln nach Trier, die sich durch den tief eingeschnittenen, endlosen Galeriewald des Kylltals windet, hat hier eine kleine Haltestelle. Die Straßen ringsum sind schmal, der schönste Teil des insgesamt 122 Kilometer langen Kylltalradwegs führt hier lang. Wer will, kann das Fahrrad per Zug ein Stück huckepack nehmen.

Das Dorf St. Thomas hieß einst Emistburen oder Erlenburen nach den ufersäumenden Bäumen, die in der Aue wuchsen und an manchen zivilisationsfernen Abschnitten noch immer dort stehen. Später nannte man den Ort nach dem ältesten deutschen Zisterzienserinnenkloster, das hier im 12. Jahrhundert entstand. Das wiederum bekam seinen Namen von Thomas von Canterbury, dem Vorkämpfer für die Freiheit der Kirche.

Von kämpferischer Atmosphäre ist im Barockbau und im Dorf jedoch ganz und gar nichts mehr zu spüren. Im Gegenteil. Geistliche Exerzitien, Bibeltage und andere Meditationen, verschiedene Achtsamkeitsübungen und Stressprävention oder auch Gesprächstraining für Ehepaare lassen alles Konfliktreiche in den Hintergrund treten. Hier ist man ganz bei sich und in Frieden, so stellt man sich einen spirituellen Ort vor. Auf engen Wegen das steile Kyllufer bergauf erreicht man die Ortsteile St. Johann und Bruderholz, die noch ein Stück einsamer und ruhiger sind. Bruderholz war ursprünglich ein Hofgut des Klosters; die kleine Kapelle von St. Johann war und ist am Johannistag, dem 24. Juni, Ziel einer Fußwallfahrt vom Tal hoch. Dann wird im Wald Gottesdienst gefeiert.

St. Thomas ist also das, was man ein echtes Refugium nennen kann. Wer gläubig ist, findet hier Stunden und Tage des Glücks. Wer es nicht ist, ahnt inmitten dieser archetypischen Landschaft zumindest, warum Menschen in solcher Waldabgeschiedenheit zu sich selbst finden und zufrieden werden.

TIPP

Jeden ersten Montag lädt die Gebetsgruppe um 18 Uhr alle Interessierten zum Mitmachen ein.

● St. Thomas, Exerzitienhaus des Bistums Trier, Hauptstraße 23, 54655 St. Thomas, Tel. (0 65 63) 96 07 00, www.sanktthomas.de

● ÖPNV: Bf. St. Thomas

Zwischen den Welten

71 Dasburg an der Grenze zu Luxemburg

Wer das Örtchen Dasburg erobert, hat viel hinter sich. Genauer gesagt: Er hat ganz Deutschland hinter sich, buchstäblich. Denn auf der namensgebenden Burg des Dorfs ist er, mit der Nase gen Sonnenuntergang, an einem der westlichsten Punkte der Bundesrepublik angelangt. Ein paar fiktive Schritte weiter, und er steht unten im Tal nicht nur im Wasser des Flüsschens Our, sondern auf der Grenze zwischen französischem Savoir-vivre und preußischer Disziplin, sprich: mit einem Bein im Großherzogtum Luxemburg. Im Klöppelkrieg 1798 bewiesen die angesichts ihrer steinigen Böden sowieso nicht verwöhnten, jedoch handwerklich geschickten Dasburger Widerstandskraft und waren mit Leib und Seele beim Aufstand gegen die Obrigkeit dabei. Pech also, dass sie später bei den Pickelhauben landeten.

Heute ist alles ruhig. So ruhig, dass Dasburger und ihre Gäste jeglichen Alltagsstress komplett vergessen können. Zwar führt die B 410 durch Dasburg, sie ist jedoch eine Bundesstraße mehr oder weniger ins Nichts. Denn auf luxemburgischer Seite landet sie als N 10 in einer zutiefst dörflichen Gegend weitab der Finanzmetropole oder schlängelt sich endlos an der Our entlang. Vor allem auf der Burgruine, die durch eine kopfsteingepflasterte Brücke mit dem Dorf verbunden ist, kann man die Stille genießen. Wenn nicht gerade ein Open-Air-Konzert, Weihnachtsmarkt oder sonst etwas los ist, was ein paarmal im Jahr der Fall ist. Ein ehemaliges Forsthaus, das ebenfalls auf dem Burgareal steht, wurde zum Standesamt umfunktioniert. Einander glücklich Ja sagen mit romantischem Mittelalterflair, dafür ist die Dasburg perfekt. Aber auch ohne Schmetterlinge im Bauch ist sie die ideale Kulisse für herrlich entspannte Sommertage weitab jeglicher Hektik. Man kann sich hier oben vollkommen aus der Zeit gefallen fühlen: picknicken, in der Sonne liegen und ringsum nichts hören außer Vogelgezwitscher und Blätterrauschen aus dem Ourtal.

- Ortsgemeinde Dasburg, an der B 410, www.dasburg.de

Das kleinste Museum der Welt

72

Die wArtehalle in Welchenhausen

Auf den Bus warten kann ermüdend sein. Vor allem, wenn am gefühlten Ende der Welt – fast – nie einer kommt. Welchenhausen ist so ein Ende, und zwar ein extrem idyllisches. Kein Wunder, hier „stören" nur knapp drei Dutzend Einwohner das Grün im Dreiländereck an der deutsch-belgisch-luxemburgischen Grenze. Von der vergleichsweisen „Megacity" Lützkampen mit ihren etwas mehr als 300 Bewohnern, zu der Welchenhausen gehört, schlängelt sich kilometerlang eine einspurige Straße ins Tal. Autofahrer beten, dass kein Gegenverkehr kommt – vor allem kein Bus –, und werden zumeist erhört. Unten markiert der Gebirgsbach Our die offiziellen Ländergrenzen, bei sommerlichem Niedrigwasser kann man zur Erfrischung an etlichen Stellen hindurchwaten. Es kann passieren, dass eine Kuh auf den Uferweiden mit dem Euter in dem einen und mit dem wiederkäuenden Maul in dem anderen Land steht.

Der klitzekleine Grenzverkehr ist hier also deutlich lebendiger als der öffentliche Personennahverkehr. Dennoch ist das Warten auf den Bus in Welchenhausen ein Vergnügen für Kunstsinnige, die glücklich sind, wenn sie ungestört und ohne Blick auf die Uhr an der Haltestelle stehen können. Genauer gesagt, in der wArtehalle. So heißt das wohl kleinste Museum der Welt, das von einem rührigen Verein im Bushäuschen eingerichtet wurde. Der Eintritt ist kostenlos, sowieso dient nur ein alter Teppich als Tür und Schutz gegen Nässe und Kälte. Über die Kunst wachen die Nachbarn. In wechselnden Ausstellungen gezeigt wird Zeitgenössisches aus der Region. Die wArtehalle ist eine Station der KultOurtal-Straße, unter anderem mit Skulpturen. Im benachbarten Stupbach zum Beispiel wurde das ehemalige Spritzenhäuschen ebenfalls zum 365-Tage-Minimuseum umfunktioniert.

So geht Kunstgenuss ohne Hemmschwellen, ohne das kleine Schwarze und ohne obligatorischen Smalltalk. Selbst Menschen, die sonst nichts mit Galerien oder Museen zu tun haben wollen, entdecken an der Bushaltestelle das Glück der schlichten Schönheit.

● Artehalle, 54617 Welchenhausen
www.kult-our-tal-museum.de

Theodor-Wiesen-Platz
MUSEUM
esther wiswe

Es ist alles Gold, was glänzt

73 Die Erlöserkapelle in Mirbach

An der Grenze zwischen der nordrhein-westfälischen und rheinland-pfälzischen Eifel wollten im Jahr 1902 die Preußen den Katholiken zeigen, was eine Harke ist. Anders kann man die „Dorfkirche" von Mirbach nicht erklären. Gestiftet wurde sie vom Freiherrn von Mirbach, einem Freund Kaiser Wilhelms II. Die Erlöserkapelle, auch Eifeldom genannt, wirkt mit ihrer neoromanischen, in hellem Tuffstein leuchtenden Architektur in dem kleinen Ort etwas befremdlich, auch wenn sie nicht die Ausmaße einer echten Kathedrale hat. Der längst im höfischen Dunstkreis von Berlin lebende Herr von Mirbach wollte mit dem Bauwerk in der Heimatgemeinde seiner Familie ein Zeichen setzen. Oder besser gesagt zwei, denn gleich nebenan ließ er eine niedliche Pseudo-Burgruine errichten. Der Romantik und dem kaisertreuen Patriotismus war damit absolut Genüge getan.

Durch eine massive Eichentür betritt man die Erlöserkapelle und staunt. Innen ist sie voller blattgoldener Mosaiken, prächtig von August Oetken, einem der führenden Mosaikkünstler des frühen 20. Jahrhunderts, in Szene gesetzt. Alles glänzt und glitzert, die bunten Glasfenster verstärken den Eindruck noch. Welch Kontrast zum bescheidenen Dorfleben ringsum! Fanden vor allem die zeitgenössischen Kritiker. Doch die evangelischen Landesherren setzten noch eins drauf und bauten im nahen Gerolstein nach dem Mirbacher Vorbild eine große Erlöserkirche für die Protestanten – ebenfalls mit Unmengen von Blattgold innen.

Gleich vor der Tür der Mirbacher Erlöserkapelle jedenfalls empfängt einen die herzliche Eifeler Rustikalität in Form der Wanderhütte em Backes, also im Backhaus. Vor allem deftige Flammkuchen und selbst gebackene süße Kuchen erfreuen das Herz von Wanderern, Bikern oder Kapellenbesuchern, die nach so viel Glitzer etwas Handfestes brauchen. Manche sitzen einfach vor dem Backes, die preußische Pracht im Rücken, und genießen Dorfleben pur.

- Erlöserkapelle Mirbach, Kapellenstraße, 54578 Wiesbaum
- Wanderhütte em Backes, Kapellenstraße 2, 54578 Wiesbaum, Tel. (01 70) 9 00 03 88

DICH NICHT ICH HABE DICH ERLOESET DU BIST MEIN

Ein Baum ohnegleichen

74 An der Walsdorfer Siegeseiche

Eichen sind eigentlich Einzelgänger. Sie mögen es nicht, wenn ihre Artgenossen ihnen allzu nah kommen. Stehen sie frei, nehmen sie imposante Ausmaße an. Das Exemplar, das am Goßberg bei Walsdorf seine Äste ausstreckt, ist schlichtweg gewaltig. Der Stamm misst einen Umfang von mehr als 3,50 Metern, die Krone hat einen Durchmesser von über 23 Metern. Man schätzt, dass der Baum gegen 1630 keimte. Da war der Dreißigjährige Krieg noch in vollem Gange. Es gibt auch Vermutungen, dass die Eiche aus Anlass des Endes dieses Gemetzels im Jahr 1648 angepflanzt wurde. Ihren Namen Siegeseiche bekam sie allerdings erst um 1870 verpasst, als Preußen, Bayern, Sachsen und Württemberger über die Franzosen siegten. Die Eiche, eine Hybridmischung aus Stil- und Traubeneiche, muss in all den Jahrhunderten viel gesehen haben, denn das Wegenetz von Trier nach Köln, von den Eifelstädten Daun und Gerolstein nach Hillesheim führte schon immer an ihr vorbei.

Heute steht sie etwas abseits der Landstraße an einem Radweg. Einige Hundert Meter hinter ihr, verdeckt durch ein Waldstück, nagt ein Lavabruch am vulkanischen Gestein, doch das scheint den Baum nicht zu erschüttern. Unter dem Schutz seiner weit ausladenden Äste sind Bänke und ein Tisch aus Holz aufgestellt: ein idealer Platz für ein Picknick im Grünen, der daran erinnert, dass letztlich die Natur die Regie über die Landschaft behalten wird.

Und ein perfekter Platz zum Nachdenken über das, was glücklich macht. Bäume sind lebendige Wesen, die kommunizieren können, wie es ihnen geht. Bei Stress durch Trockenheit oder Schädlingsbefall sondern sie chemische Warnsignale an ihre Artgenossen ab. Auch der menschliche Körper reagiert darauf, wie Forscher herausfanden. Beim Spaziergang durch gefährdeten Fichtenwald steigt der Blutdruck. Die Walsdorfer Siegeseiche hingegen wirkt wie Balsam auf die Seele.

- Siegeseiche Walsdorf, an der B 421 (GPS 50.27802, 6.70224)

„Guck mal da, Bärchen ...!“

75 Der Eifelpark in Gondorf

Das perfekte Kinderglück dürfte eine Mischung aus Kirmes mit Karussells und Eisbuden, Zoo und Urwald sein. Als ob man Freizeitparks, Urlaub auf dem Bauernhof und Märchenwald in einen Sonntagsausflug packen könnte. Kann man, und zwar im Eifelpark Gondorf. Großeltern, Papa, Mama und die Kids und sogar Struppi kommen hier aus dem seligen Lächeln nicht mehr heraus. Obwohl, Struppi muss angeleint sein und dürfte wohl das eine oder andere Leckerli brauchen, um von der animalischen Konkurrenz abgelenkt zu werden. Bären und Wölfe lassen sich hier bestaunen, genauso wie Erdmännchen und Kaninchen. Und jede Menge andere mehr oder weniger exotische Tiere, die hier schwimmen, fliegen, hüpfen, watscheln, galoppieren und teils sogar gefüttert und gestreichelt werden können.
Auch selbst kommt man ganz schön in Bewegung, entweder auf dem Tretbootsee, der Sommerrodelbahn oder einem der Themen-Abenteuerspielplätze, in der Baggerschule, auf dem Riesentrampolin, bei der Piratenschlacht … um nur einige von gefühlt hundert Attraktionen zu nennen. Das Wettmelken nicht zu vergessen, schließlich ist man mitten in der Südeifel mit der größten Kuhdichte in Deutsch-Wildwest, wie die Region auch genannt wird. Man kann aber auch ganz entspannt im parkähnlichen Waldgelände umherspazieren, sich auf einem Erlebnislehrpfad mit Wissen bereichern oder schlicht in der Chill-out-Area (so was gibt's!) abhängen.
Vom Känguru bis zum Greifvogel, der seine Flugkünste demonstriert, vom Puppentheater bis zum Yakari-Livemusical oder zum rasanten Kampf um die Pole-Position auf dem „Eifel-Ring“ ist – fast – alles da, was Menschen zwischen acht Monaten und fitten 88 Jahren auf emotionale Touren bringt. Klar, letztlich behalten die Kids die Oberhand im Eifelpark, aber selten haben dabei auch Ü-Zwanzigjährige so viel Spaß wie hier.

● Eifelpark, Weißstraße 12, 54647 Gondorf, Tel. (0 65 65) 95 66 - 0
www.eifelpark.com

Der sagenhafte Überblick

76 Der Burberg in Schutz

Schutz ist hier Programm: Denn so heißt das Dorf, in dem sich Kleine Kyll und Walmerbach treffen. Aber schon vor den Angriffen erboster Germanenstämme fanden auch Römer buchstäblich Schutz, und zwar auf dem Gipfel des Schichtvulkans, der praktischerweise hier vor 11.000 Jahren das Licht der Welt erblickte. Reste einer Befestigungsanlage aus dem 4. Jahrhundert gibt es dort oben: Abschnittswälle, Gräben, stufenförmige Felsenkammern und einen in den Felsen gehauenen Brunnen. Archäologen fanden Scherbenreste, Graburnen und spätrömische Münzen. Über eine längere Zeit muss es eine Fliehburg gegeben haben für Menschen und ihr Vieh.

Insofern war der Burberg, wie der imposante Hügel mit teils senkrecht abfallenden Wänden heute heißt, sicher auch ein Glücksort für die Römer. Heute ist er es für Wanderer und Menschen, die an die Magie von Kraftorten glauben. Spiralförmig winden sich Pfade um das erstarrte Lavamassiv. Wer ihnen folgt und nicht schnurstracks von Norden her steil bergan kraxelt, empfindet es darum vielleicht wie eine Geh-Meditation im Labyrinth einer gotischen Kathedrale. Den Burberg erlebt man so von seiner schroffen und von seiner sanften Seite mit immer neuen Perspektiven, bis man die 170 Meter über den Bachläufen liegende Spitze mit ihrer markanten Abbruchkante erklimmt. Vorbei geht es an Weißdorn und Schlehen, Ginster und Streuobst, typische Eifeler Vegetation. Oben empfangen einen Stille und Wind zugleich, dazu gibt es eine wunderbare Aussicht über die anderen Vulkankegel.

Mit seiner charaktervollen Form ist der Burberg eine Steilvorlage für Legenden und Märchen. So soll es hier oben eine Burg der Tempelherren gegeben haben, die reiche Schätze tief im Innern des Bergs vergruben. Wenn das wahr ist, so ist der Schatz bestens geschützt. Denn nicht einmal die sonst begierige Rohstoffindustrie darf diesen Vulkan anknabbern.

● Burberg, 54570 Schutz (GPS 50.13205, 6.75217)

Kraft von Feuer und Fantasie

77 Atelier Metallformen in Daun-Gemünden

Das versteckt liegende Anwesen am Pützbach bei Daun hat schon viel hinter sich. Es war im Mittelalter Mühle der Grafen von Daun und Keimzelle des Dorfes Gemünden, im 20. Jahrhundert dann Campingplatz und Reiterhof. Nun dient es als Atelier und Schmiede zugleich. Das Herzstück – die Esse, etliche Werkbänke, das Materiallager im einstigen Stalltrakt – ist das Reich von Jens Nettlich. Hier bietet er Schmiedekurse und -vorführungen an. Und hier entsteht seine Kunst, die es sogar bis nach Hawaii, China oder Thailand schafft. Anderes ist bodenständig daheim geblieben: Stück für Stück entsteht ein Skulpturenpark am ehemaligen Rund zum Longieren der Pferde.

Für den Hausherrn hat der Umgang mit Metallen oder mit den flankierenden Materialien wie Holz und Leder immer auch einen philosophischen Hintergrund. „Letztlich geht es darum, Dinge in einen anderen Zustand zu transformieren und Bestehendem ganz neue Dimensionen zu verleihen, in spiritueller Hinsicht hat es mit Reinigung oder Klärung zu tun." So verwandelt er unscheinbare, für den Bau bestimmte Metalle wie Winkel, Träger oder Beton-Eisenmatten in Kunst mit emotionaler Aussage. Überall lauern Sagengestalten und Mythen: martialische Erzengel oder erlegte Tiger, Kraftstrotzendes und Zartes, Szenen von harter Arbeit und fragilen Träumen.

Der Schmied ist aktiv in der Living-History-Szene und Mitglied einer Wikingergruppe. Lanzen und Speere stehen in vielen Ecken. Doch nicht nur die schwere, kunsthandwerkliche, sinnliche Tradition liegt Jens Nettlich am Herzen. Ebenso beschäftigt ihn innovative Kreativität. Jahrelang entwarf er für einen führenden deutschen Messerhersteller Prototypen und bekam auch den Designpreis International Knife Award. Ein eigenes Messer zum Zerteilen oder ein Ring, um sich mit dem Liebsten zu verbinden – ganz gleich was: Am Glück der gestalterischen Kraft von Feuer und Körper kann man teilhaben, in der Schmiede, die eine Mühle war.

● Atelier Metallformen, Mühlenweg 9, 54550 Gemünden, Tel. (01 76) 43 12 26 72
www.metallformen.de

Alles Leben ist wertvoll

78 Das Kunstkabinett Hasenberghof in Kronenburg

Manchmal macht es Millionäre glücklich, Gutes zu tun. Der Bonner Hans Günther Axe war so ein Mensch. Er starb 2008 und hinterließ eine Stiftung, die in Kronenburg in der Nordeifel für glückliche Tiere, glückliche Kinder und glückliche Kunstliebhaber sorgt. Das mittelalterliche Dornröschendorf hoch oben auf einem Felssporn über dem Oberen Kylltal und über einem lang gestreckten See ist an sich schon schön genug: jede Menge historischer Gemäuer, enge kopfsteingepflasterte Gassen und eine Burgruine. Der sommerliche Trödelmarkt, die Kunst- und Kulturtage sowie der Weihnachtsmarkt in diesem Ambiente sind legendär.

Am Ortsrand liegt der Hasenberghof, den die Dr.-Axe-Stiftung betreibt. Hier dürfen bislang notleidende Nutztiere, die vor dem Schlachter gerettet oder misshandelt wurden, und vom Aussterben bedrohte heimische Haustierrassen ihren Lebensabend fristen, ein Stück Geborgenheit erleben und Respekt als Mitgeschöpfe erfahren. Für Tierfreunde ist der Hasenberghof eine zutiefst tröstliche Adresse. Im Rahmen von tierpädagogischen Angeboten können Kinder diesen geretteten Tieren begegnen und lernen: Alles Leben ist wertvoll.

Sie lernen auf dem Hasenberghof noch etwas anderes, nämlich wie faszinierend Kunst sein kann. Dabei hilft ihnen ein speziell von Pädagogen entwickelter Kinder-Kunst-Koffer. Gleich neben den Tieren gibt es ein Kunstkabinett mit wechselnden Ausstellungen zum Sammlungsgebiet der Düsseldorfer Malerschule. Die rheinländischen Künstler schufen im 19. Jahrhundert vor allem stimmungsvolle Landschaften und anrührende, oft sentimentale Alltagsszenen, getragen von einer harmonischen Lebensweise, nach der sich die Menschen damals sehnten.

Ein bisschen gelang es dem Unternehmer Axe mit der Standortwahl in Kronenburg, den Tieren und der Kunst eine neue Heimat mit ebendieser Schönheit und Geborgenheit zu geben.

● Hasenberghof, Kunstkabinett, Gerichtsstraße 12, 53949 Kronenburg, Tel. (0 65 57) 9 01 98 72, www.axe-stiftung.de

Wallfahrt zu Weinseligkeit

79

Auf dem Klostergut Klausen

Die gotische Wallfahrtskirche von Klausen ist weithin sichtbar, sie erhebt sich vor einem bewaldeten Höhenzug, der steil ins Moseltal abfällt. Die Behaglichkeit und auch die traditionelle Frömmigkeit der nahen Weinorte strahlen bereits auf diesen sehr lieblichen, sanften Teil der Eifel aus. Man muss jedoch kein gläubiger Pilger auf dem Jakobsweg sein, der an dem kleinen Ort vorbeiführt, um das Wesentliche zu erkennen. Es reicht, wenn man sich die Fähigkeit bewahrt hat, überrascht werden zu können, und wenn man edle Tropfen mag. Lu Sanders und seine Familie besitzen ein Weingut mit Steillagen an der Mittelmosel und haben das zeitweise leer stehende Klostergut Klausen ein paar Kilometer eifeleinwärts wachgeküsst. Hier entsteht nun eine neue Form von Gemeinschaft: kein Kloster, sondern ein spirituell offener Ort, wertschätzend, naturschützend mit Garten, bildungshungrig mit Seminaren.

Eifel-Reisende sollten hier unbedingt eine Pause machen. Zum einen ist Klausen mit seinem urigen Dorfladen-Café und seinen vielen Gärten ein Bilderbuchdorf. So wundert es nicht, dass die Wallfahrten hierhin lebendig geblieben sind. Zum anderen: Echten Sherry, hier aus juristischen Finessegründen S.Herry genannt, und Port, beides nach allen Regeln der iberischen Kunst liebevoll hergestellt, gibt es weit und breit nur hier. Das Brauhaus des Klosters bleibt seiner Bestimmung treu. Braumönche arbeiten zwar nicht mehr, aber „Braubrüder“ kreieren einmal im Monat frischen „Hopfensaft“.

Die vielen Kräuter im Klostergarten führen dazu, dass spezielle Teemischungen entstehen, für Menschen mit „Rückgrat“, wie Sanders betont. Mit anderen Worten: Was hier wächst, ist gut gegen Stress und für den aufrechten Gang ist. Und weil Kräuterkraft hochprozentig besonders wirkt, gibt es natürlich den Klausener Kloster Kräuterbitter. Spiritualität und Spirituosen harmonieren rund um die Wallfahrtskirche mit ihrem Antwerpener Hochaltar einfach perfekt.

● Stiftung Klostergut Klausen, Bernkasteler Straße 1, 54524 Klausen, Tel. (0 65 78) 8 38 90 76, www.klostergut-klausen.de, www.klausen.de

S.HERRY®
»FEUER
18 % vol.

Laufen bis zur nächsten Oase

80

Der Vulcano-Mußepfad zwischen Ellscheid und Mehren

Immer hübsch mit der Ruhe ... Das ist das Motto des Vulcano-Mußepfades, der sich über mehr als 26 Kilometer durch die südöstliche Vulkaneifel windet. Entschleunigen, auf einer Bank Rast machen und sich von Määrchen verzaubern lassen – kein Druckfehler, auf Infotafeln erfährt der tiefenentspannte Wandersmensch Legendäres über das maarbedeckte Fleckchen Erde, auf dem er gerade herumläuft. Aber die Ruhe täuscht. Selbst am Mürmes, einem nur zu Fuß erreichbaren Feuchtbiotop und Flachmoor in einem Krater, ein echter Naturschatz mit seltenen Pflanzen.

Zum einen lauert Magma tief im Untergrund, wie oft in der Eifel. Zum zweiten ist der Schwierigkeitsgrad der mußevollen Wandertour nicht aus Jux mit „schwer" angegeben, schließlich stehen satte 500 Höhenmeter auf dem Programm. Der dritte „Hallo-wach!"-Faktor ist die Laufoase von Inge Umbach, nah am Mürmes im Bilderbuchdorf Ellscheid gelegen. Inge liebt es seit jeher, die Eifelnatur zu Fuß zu erobern – und das sehr flott. Sie machte ihre Leidenschaft zum Beruf und zeigt anderen, wie man beim Laufen glücklich wird. Sogar anfangs untrainierten Sofalümmlern hilft sie geduldig und empathisch auf die Sprünge. So kommt es, dass nicht nur Wasservögel die urwaldähnliche Atmosphäre des Mürmes genießen, sondern dass in sportliche Outfits gewandete Zweibeiner dort ganz beseelt unterwegs sind.

Die Laufoase ist auch regelmäßig eine erholsame Wohlfühlstation beim Maare-Mosel-Lauf, einem Breitensportevent, das jedes Jahr im August rund 1500 bewegungslustige Naturfans anzieht. Hier nämlich gibt es dann sanfte Entspannungsübungen und Massagen, einem Barfußpfad und Erfrischendes. Außerdem muss niemand den Maare-Mosel-Lauf unbedingt gegen die Stoppuhr absolvieren – eine Strecke, der Gesund-Land-Lauf, geht relaxt ohne Zeitmessung. Womit man wieder beim Tempo der Mußepfade wäre.

- Vulcano-Mußepfad , www.aktivhaus-ellscheid.de
http://ellscheid-vulkaneifel.de
www.eifelsteig.de/partnerwege/musse-pfade
- ÖPNV: Ellscheid ist an die Buslinien 305 und 503 des VRT
(Verkehrsverbund Region Trier) angebunden.

Bibliografische Informationen der Deutschen Nationalbibliothek
Die Deutsche Nationalbibliothek verzeichnet diese Publikation in der Deutschen Nationalbibliografie; detaillierte bibliografische Daten sind im Internet über http://dnb.d-nb.de abrufbar.

5. Auflage 2022
Konzeption/Satz: Droste Verlag, Düsseldorf
Einbandgestaltung und Illustrationen: Britta Rungwerth, Düsseldorf, unter Verwendung von Bildern von © Fotolia.com: jd - photodesign.de; © iStock: Plociennik Robert
Fotos: Angelika Koch, außer:
Archehof/Harald Strüning: S. 143; Bitburger Braugruppe GmbH: S. 145; Brennerei Bares: S. 45; DK_Media: S. 9; Dr. Axe-Stiftung: S. 163; Eifel Tourismus GmbH: S. 17, 55, 117, 167 (Dominik Ketz), 157; fotolia: by Jeannette Rudloff: S. 79; Frank Herzog/Aero-Art: S. 31; Thomas Körsten: S. 65; Erich Koprowski: S. 33; Karl-Georg Müller: S. 67, 141; Jens Nettlich: S. 161; Sylvia Niederprüm: S. 139; Lu Sanders: S. 165; Wolfgang Schomberg: S. 13, 19, 29, 35, 43, 51, 53, 57, 61, 63, 71, 81, 85, 87, 91, 93, 97, 99, 101, 107, 111, 125, 147; Vulkaneifel Therme: S. 103; Vulkanhof/Eifelwürze: S. 129

FSC www.fsc.org
MIX
Papier aus verantwortungsvollen Quellen
FSC® C011279

Druck und Bindung: LUC GmbH, Greven
ISBN 978-3-7700-2468-1

www.droste-verlag.de